白居易

相逢何必曾相识

翟叶◎著

BAIJUYI
XIANGFENGHEBI
CENGXIANGSHI

北京燕山出版社
BEIJING YANSHAN PRESS

图书在版编目（CIP）数据

白居易：相逢何必曾相识 / 翟叶著. —北京：北京燕山出版社，2017.1
ISBN 978-7-5402-3729-5

Ⅰ.①白… Ⅱ.①翟… Ⅲ.①白居易（772-846）-传记 Ⅳ.①K825.6

中国版本图书馆 CIP 数据核字（2017）第 020116 号

白居易：相逢何必曾相识

作　　者　翟　叶
责任编辑　刘　冉
设　　计　张合涛
责任校对　刘　操
出版发行　北京燕山出版社
地　　址　北京市西城区陶然亭路 53 号
电　　话　010-65243837
邮　　编　100054
印　　刷　河北飞鸿印刷有限责任公司
开　　本　710mm×1000mm　1/16
字　　数　210 千字
印　　张　19.5
版　　次　2017 年 7 月第 1 版
印　　次　2024 年 1 月第 3 次印刷
定　　价　58.00 元

前言 preface

香山，白园的枫叶早已经红遍了整个天际。在那火红的尽处有一处墓陵寂然而落。那是唐代大诗人白居易的归所。走到陵前，总有一方净土更加深重，那是世人对这位大诗人的无限缅怀。

白居易，他是大唐仅次于李白和杜甫的大诗人，亦是中唐时期诗坛最为耀眼的一颗明星。他历经八个大唐皇帝，见证了整个“牛李党争”，亦见证了整个大唐由盛转衰的全过程。从某种程度上说，白居易的一生就是一部波澜壮阔的中唐史。

他生逢乱世，早年颠沛流离，受尽人间苦楚。十六岁时，他扬名京城，成为家喻户晓的人物，却食不果腹，衣不御寒，最后不得不黯然离开。二十八岁时，他参加科考，十年三登科，意气风发，激扬文字，之后入朝为官，可谓仕途通畅，却不料竟然惨遭贬谪，昔日炙手可热的新星沦为了平阳之虎。之后，他在宦海中起起伏伏，最后终于看透大唐的颓势，急流勇退。

然而，无论荣华还是落魄，他始终保持着一颗赤子之心，造福百姓。凡他经过的地方，他都用自己的心血谱写了属于自己的繁华篇章。他是周至的大青天，一心只为民做主；他是忠州的大唐贤刺史，把一片贫瘠之地，点缀得处处花开；他是苏杭的好太守，修堤防，疏六井，建山塘，富甲一方；他是洛阳的散财老人，凭一人之力，捐资八节滩，变险滩为通途。

繁华落尽，他终于寻得属于自己的一片安然，化身为香山佛子，白衣鸠杖，翩然而去。然而，他留给世人的却是大量珍贵的藏书，三千余首美丽的诗篇，还有那一世精彩绝伦的传奇。

千百年后，你打开这样的一本书，走近这样的一个人，你会发现你看到的不仅仅是一个传奇，还是一种风骨，一个时代。

目录 Contents

第一卷

锦衣少年，闻名乡里

他生在轩辕黄帝的故乡，生有异象；他天赋异禀，小小年纪便以神童之名闻名乡里；他机智敏锐，识文断案自有千秋。他本是大唐注定的栋梁之材……

遇水而生叫居易

新郑，是白居易的出生地。人这一生总会路过那么一个美丽的地方，一眼爱上，然后停下脚步，定居于此。诗人，更是有着足够的诗情画意与一个地方悄然邂逅。新郑，对于白居易的祖父白锽而言，便是这样一个钟灵鼎秀的地方。

那时候，已经不再年轻的白锽正在河南巩县担任县令。因为与河南新郑的县令交好，他便到新郑游玩。当他踏入新郑的地界之后，立马被新郑的美景所吸引。要知道，白锽本是对山水颇有诗人情结的当世才子，对于山川美景有一种天然的亲近感。在他看来，只有如此灵秀的土壤才能孕育出更为脱俗的诗情与画意，才能让沉郁在凡尘中的人们洗去一身尘埃，在乱世凡尘中脱然而出。

于是，即便当时距离他做官的地方有一定的距离，白锽也毅然举家搬到了这个常常能与美景作伴的美丽村落——新郑城西的东郭宅村（今东郭寺）。白锽的这一即兴之举，使白氏一族与新郑这个本该陌生的地方产生了千丝万缕的联系。若干年之后，白锽的一身病骨，就埋在这个他一见钟情的地方。千百年后，白氏一族更是把新郑封为自己的第一故乡。居于新郑的白氏后裔无论徙居何处，都认定新郑是他们祖先的所在地。至今，在新郑，每年的农历七月十五，都有盛大的祭祖活动。祭祖的人群便是白锽与白居易的后裔。

不得不说，浪漫的诗人总是对现实了解得不够透彻。当白锽兴致勃勃地搬到新郑之后，却发现新郑并不如自己想象中的那般美好。这个被秀美山川环绕的美丽村落，因为地势低洼，很容易积水成患。当一阵暴风骤雨之后，白锽站在自家门前，便如同站在了小小溪边，虽然颇添了几笔诗情画意，但貌似不太好出门行走。这时的白锽，才意识到了自己出现了选择上的错误。

但是毕竟都搬过来了，虽然动不动家门口就会变成江河溪流，实在不太适合居住，可毕竟当前美景不是这样。于是白锽再三犹豫之后，还是决定在此定居。然而，天有不测风云，当白锽开始慢慢习惯了这个随时可能被积水环绕的小村落时，一件大事，再次打破了他对新郑刚刚建立起来的深厚感情。

大历七年（公元772年）正月二十日，一场暴雨过后，白锽居住的东郭宅村再次发生了严重的水患。为了尽快解除这个大麻烦，东郭宅村里全部的男丁都被派出去排水，留守在家里的女人们为了尽早解除这个烦人的水患，也纷纷在家里焚香祷告，希望各路神仙能够助自己的男人们一臂之力。

然而，就在男人们的奋力吆喝、女人们的不停祷告时，一道更加不和谐的女人呻吟声也闯了进来，白锽身怀六甲的儿媳妇陈氏竟然在这个不可开交的时刻发动了。这让原本就混乱不堪的村庄，更显得忙碌起来。要知道，在水患如此严重的地方去找一个稳稳当当的产婆，可真不是一件容易的事情。好在，有惊无险，在村民的帮助下，陈氏终于及时找到了合适的产婆。

正当陈氏为了生孩子而痛苦挣扎时，白锽的儿子白季庚也为了这个孩童的降生奋力地往家赶。据说，当白季庚赶到家时，正好看到一颗流星闪过天际，最后坠落在他家的后院，接着便听到了一个婴儿响亮的哭声。他刚刚十八岁的小妻子顺利地为他产下了一名可爱异常的小公子。

当晚，白季庚便做了一个颇为奇怪的梦。要知道，新郑本是轩辕皇帝的故里，此地人杰地灵，千百年来，出了不少闻名于世的文人志士。白季庚竟然在自已的梦里梦到了轩辕皇帝。

在他的梦里，年轻威武的轩辕皇帝，正在他现在居住的东郭宅村求见一位隐居于此的世外高人，但是高人似乎不想出山，一直未曾出门相见。

正在轩辕皇帝一筹莫展之时，忽然雷雨大作，高人所在的破烂茅屋在风雨中摇摇欲坠，但高人依旧面色如常，不动如钟。轩辕皇帝见此心生敬仰，忙命人为其修葺茅屋。

谁知道，轩辕黄帝的这一举动并没有得到高人的好感，反而遭到高人门下童子的制止。无奈之下，轩辕皇帝只好亲手在高人门前种了一棵松柏，之后便匆匆离去。

多年后，轩辕皇帝亲植的松柏已长成参天大树。大雨来袭，高人所在的茅屋在风雨中，丝毫不受风雨侵袭。高人感念轩辕皇帝的恩情，决定出山辅佐，后建立了不朽功勋。

白季庚醒后，对自己这个奇怪的梦，记忆深刻。他恍惚意识到，自己这个刚刚落地的孩童或许并不是什么凡尘俗子，没准是白家日后中兴的希望，或许，还会让白家在史册上添上更为传奇的一笔。

要知道，白家一直都是名门之后，官宦世家。白家的先祖白起乃是秦朝名将。也就是我们看的《芈月传》中芈月收养的狼孩小弟。白起可是秦朝举足轻重的大将军，为秦王朝建立了不世功勋，曾被封为武安君，显赫一时。虽然，后来白起遭人陷害，被赐死在了杜邮。但到了秦始皇时，白起沉冤得雪，其子白仲被封在太原。这也是为什么白居易一直自称太原人的原因。

陈氏产下这个小公子时，白锽的儿子白季庚已经到了四十四岁的不惑之年了，但却仕途不顺，并没有大的建树。白季庚一直为自己的一腔抱负难以舒展而抱憾。此时，儿子的出生却让他重新燃起了斗志。

他的父亲白锽，看到自己的儿子老来得子，自是欢喜非常。但是在欢喜之余，又开始为小孙子出生时的惊险而感到后怕。他开始更加深刻地意识到，新郑这个地方，作为轩辕皇帝的故里，虽然山川秀美，集天地灵气，但的确不是一个适合居住的地方。

“居易”，在小孙子出生后，白锽便给他起了一个这样的名字。意思不言而喻，他希望自己这个在水患时出生的小孙子将来能有一个容易居住的地方。

白锽一定没有想到，自己给小孙子起的这个名字，在今后的岁月里，竟然名动长安，成为了家喻户晓的传奇人物，在大唐灿烂的诗词文化中占了一席之地。他更没有想到，白家会因为他的这个小孙子，而被后世人记住。

而更令人津津乐道的是，这个他取名“居易”的小孙子对后世的深远影响，与他的先祖白起相比，亦不曾逊色分毫。小小的白居易也不曾想到，祖父对自己的殷殷期望，在多年后，竟然真的成为了事实。不得不说，有些事似乎冥冥之中自有注定。

尚在襁褓中的小白居易，从小便表现出了不同于常人的聪慧。据说，在白居易还很小的时候，他的母亲陈氏便经常把他抱到床头的屏风前，教他念字看画。到了小白居易六七个月的时候，他就已经能准确地认出“之”和“无”这两个字了。家里的人见小白居易如此灵透，便经常拿着诗书让小白居易认这两个字，让人惊奇的是，小白居易总是能一眼认出，从未错过。

东郭村的乡邻得知后都惊奇不已，都知道白季庚家刚出生的小儿子生而不凡。小小的白居易尚在襁褓中，就已经是闻名乡里的小名人了。

小白居易的天资聪颖让家里的大人欣喜异常。要知道，白居易的祖父白锽乃是少年才子，十七岁时便以明经及第，曾经轰动一时。比起那些白发苍苍依旧不能及第的落魄书生，白居易的祖父白锽因为少年成名，天生便自带了一身让人心生折服的文人傲骨。他曾历任洛阳主簿、酸枣县令、滑台节度使等职，在做官期间，清正廉洁，大有“做官不为民做主，不如回家种白薯”的气魄。由于白锽为人正义，不事权贵，在乡里之间有着其他官员无法比拟的超高威望。

不仅如此，白锽还是当时颇负盛名的大诗人。他极擅文辞，五言诗堪称一绝，在当时的诗文界颇有地位。对于这个遇水而生的小孙子，白锽本就十分喜爱。看到小小的白居易有如此不凡的表现，白锽在欣喜之余，仿佛看到了家族未来的希望。

只是，天不佑人。白锽并没有等到自己的小孙子扬名天下的那一天，在小白居易还不到两岁的时候，白锽便因病去世了。

祖父的溘然长逝，让这个时常处在温馨中的家庭遭受到了沉重的打击。得到祖父去世的消息，白居易的父亲马上回家，为父亲操办后事。因为祖父白锽对新郑有着深厚的爱恋情结，白家决定把白锽安葬在新郑这片美丽的土地上，与这里的山水美景永久相伴。

白季庚在安排好了父亲的后事之后，也开始了自己的异常清闲守孝生涯。在新郑守孝的三年间，白季庚第一次长时间接触了自己这个尚在襁褓中就已经闻名乡里的小儿子。

此时的小白居易，虽然刚刚开始咿呀学语，但也很快地发现了家里的变化。他发现，那个满头白发经常逗自己玩耍，并且喜欢在北窗里吟诗作赋的祖父突然不见了。而家里却多了一个有点陌生的美大叔。这个美大叔不仅开始频繁地在家里进进出出，还开始教他读书写字。

但不管怎样，白居易对这个美大叔还是异常亲近的，在白居易的整个童年生涯中，只有父亲离职丁忧期间，才有过短暂的亲密接触。

这样岁月静好，有父母陪伴的美好时光，对于白居易而言，是可遇不可求的。多年后，父亲故去，白居易每当想起与父亲朝夕相处的这段时光都唏嘘不已。

出口成章小少年

白居易的父亲白季庚，也是一个难得的爱国志士。虽然，他没有其父白锽的超高名望，但为人刚直不阿、嫉恶如仇，始终怀抱着忠君爱国的一腔热血。

但是也因为白季庚始终保持着一颗赤子之心，不事权贵，只是关心民间疾苦，仕途一直不顺。想到自己半生潦倒，又想到自己这个小儿子的生而不凡，白季庚突然就对自己的小儿子有了不一样的想法。他迫切地希望自己的这个小儿子长大后，能在仕途上有所建树，能够为白家光耀门楣，弥补自己仕途不顺的缺憾。

白季庚对诗书的才情虽然比不上其父白锽，但是指导小白居易还是绰绰有余的。在他离职丁忧的这段时间，白季庚从不曾懈怠，一有时间便手把手地教儿子读书认字。休息之余，他还经常给小白居易讲家族的光荣、国家的兴衰存亡以及一些当下的英雄事迹，培养小白居易的政治思想和爱国热情。

祖父的满腹才情和父亲的爱国热情对小小的白居易产生了深刻的影响。纵观白居易的一生，他的一身风华，或多或少有着其祖父和父亲的影子。大多时候，父亲给予孩子的总是那些最为筋骨和灵魂的东西。这种筋骨和灵魂，让孩子能够以一种挺拔之姿屹立于世。就像是白居易的祖父和父亲那样，他们给予白居易不是日夜的陪伴和嬉戏，而是能够立足天下的处世之姿和为人之道。孩子在年幼的时候，是急需这种爱的，因为这种爱，是孩子长大成才，所需要的最根本的东西。

正因为受祖父和父亲的影响，在小小的白居易心中，男儿本就应该是祖父和父亲那个样子，不仅能吟诗作赋，还要有一颗忠君报国的赤子之心。这样的认知，让白居易从小就对自己有着严格的要求。他所期望的自己不仅要是一个才华横溢的大才子，更要是一个可以为民为国的好官僚。

纵观白居易这绚烂的一生，他的风华，又哪里只是局限在了那些浅淡的诗词歌赋里。他的清廉公正、他的忧国忧民、他的忠君报国无一不让人敬仰非常。

只是，很不幸的是，白居易的父亲白季庚并没有给予儿子白居易长久的陪伴。在白居易三岁多的时候，他的父亲白季庚服丧期满，之后，便被调到了宋州司户做参军。由于父亲常年在外地为官，教授白居易课业的任务，便全部落在了他母亲的身上。在那个讲究“女子无才便是德”的封建社会，白居易的母亲是一个很特别的存在，因为她竟是一个颇有文采的奇女子。

白居易的母亲陈氏，也是出生在一个官宦家庭。她的父亲陈润亦是明经出身，是当时颇有名望的一名诗人。受父亲的影响，陈氏虽然严格地遵守了封建制度中的三从四德，但却没有遵守“女子无才便是德”这一铁律。

白居易的母亲陈氏嫁给他的父亲白季庚时，年仅十五岁。白居易出生后，他的母亲陈氏才刚刚十八岁。陈氏虽然才十八岁，却是一个十分值得敬重的女子。她不仅无怨无悔地为丈夫操持家务，是难得一见的贤妻，还是一个善于教导孩子的好老师。

父亲被调到宋州后，白居易的母亲便开始教他读书写字。母亲的教导相较于父亲，更加循循善诱。白居易曾经这样描写过母亲对他们兄弟几人的教导：“夫人亲执诗书，昼夜教导，循循善诱，未尝以一可一杖加之……”可见，他的母亲不仅是一个懂得诗书礼仪的贤惠女子，更是一位懂得教育、值得尊重的慈母典范。

可想而知，有如此风华的祖父、父亲，又有一位如此不凡的母亲，白居易的一生又怎会平凡如斯。

到小白居易三岁多的时候，他已经能够准确地认出祖父和父亲的名字了。有一次，有附近好事的邻居想看看小白居易是不是真的是个小神童，便写了小白居易祖父和父亲的名字，让小白居易认。没想到，小白居易轻而易举地就认了出来。

那个好事的乡邻见没有难倒小白居易，便吓唬他说："你祖父的名字是金和皇组成的，这可是皇帝专用的一种兵器啊，这可是大忌，是要杀头的！"

谁知，小白居易听了不仅不害怕，还伶牙俐齿地回击道："哼，你一定没读过几本书！你可知道，我的先祖就是赫赫有名的秦国大将军白起，他曾经被秦始皇赐予皇家兵器。我祖父的名字，就是由此而来。这不仅不是什么大忌，还是我们家族的荣光！"

那个好事的乡邻见白居易小小年纪，竟然如此聪慧，不仅没被自己难住，还讽刺了自己一顿，只好灰溜溜地离开了。

在慈母孜孜不倦的教导和督促下，小白居易从小便表现出了不同于常人的才华。到他五岁的时候，他已经能够吟诵简单的诗词和对子了。

白居易小的时候，特别喜欢做对子，因为他做的对子十分精巧，小小年纪，在东郭村便已经很难遇到敌手了。小白居易因为自己这一才华，在与小伙伴玩耍时，总是占尽了优势。

有一天，几个村子里一起读书的小伙伴们到山里游玩。到中午的时候，大家都饿了，便提议在山里烧火做饭。因为，几个小伙伴都在家里养尊处优，谁也不愿意做饭。小白居易灵机一动，便提议大家一起做对子。谁做不上来，谁就生火做饭。他的意见很快得到了大家的一致认可。

小白居易见大家都同意了，便先发制人，说道：“我先出，听好了，我的上联：水水山山处处明明秀秀。你们可注意了，我这个对子可是正念倒念都可以的，倒念就是：秀秀明明处处山山水水！”

小伙伴们听了小白居易的对子，马上就被难住了，大家冥思苦想了好长时间，也没有对上来。最后，大家都放弃了，只好让小白居易自己对出来。

小白居易想了想，马上说道：“那我就把它倒过来对，我的下联是：奇奇好好时时雨雨晴晴。”小伙伴们听了，都觉得小白居易简直太有才了，便主动担负起了烧火的责任。

当然，白居易的童年除了读书这一单调的板块，还有许多其他的色彩。在白居易居住的新郑有一条美丽而祥和的溱洧河。白居易小时候对这条溱洧河十分钟爱。他经常在这条河旁边玩水嬉戏，也时常拿着诗书在河边冥思苦想。可以说，这条美丽的溱洧河承载了白居易的整个童年时光。

故乡那秀美的山川，那寂静的溱洧河，那蔓延乡间的片片芍药花，无一不是他心间永远的快乐天堂。很多年后，白居易已经位居高官，也已经享尽了世间荣华，当他再次回到这个小小的村落，童年的美好记忆，让这位扬名天下的大诗人再次怀念不已。那幽静的溱洧河，那美丽的芍药花，还有那个在溱洧河畔，在芍药花间，与小伙伴追风引蝶的锦衣少年，无一不恍如在昨日。

那些回荡在溱洧河畔的愉悦欢笑，清亮话语，无一不彰显了他整个无忧快乐的童年，可那些陪他一起欢笑的小伙伴们，却已经散落天涯。据《新郑县志》记载，白居易在离开新郑四十四年后，曾经特意回到自己的出生地。

据说，当日，他策马而行，归乡情切，当他到达自小居住的东郭宅村老宅时，已经是傍晚时分。落霞千里，就如白居易蔓延的乡情。他久久驻足在这个小小的院落中，似乎又回到了自己的年少时光。在时光的缩影里，他似乎又看到了那个日日不歇、刻苦读书的锦衣少年。

那个时候的他，是怎样的幸福，亲人在畔，兄友弟恭，一家人何等其乐融融。只是，如今，物是人非，他已经白发苍苍，而那些陪伴在他身边的亲人和朋友，也都不知身在何方。此情此景，何等的惆怅，又是何等的悲凉。

当晚，白居易并没有离去，而是在自家老宅住了一晚。虽然老宅已经是断壁残垣，灰尘满屋，可是一事一物却倍感亲切。这一夜，白居易一夜无眠。为了不虚此行，他把自己一生的经历都刻在了自家的一块石碑上，想要给家乡留下点笔墨。

但是，不幸的是，这块载满白居易半生回忆的石碑并没有流传下来。流传下来的只有白居易写的一首《宿荥阳》：

生长在荥阳，少小辞乡曲。
迢迢四十载，复到荥阳宿。
去时十一二，今年五十六。
追思儿戏时，宛然犹在目。
旧去失处所，故里无宗族。
岂惟变市朝，兼亦迁陵谷。
独有溱洧水，无情依旧绿。

白居易的那个时期，新郑属荥阳管辖，“宿荥阳”实际上指的也就是宿新郑。正如这首诗所记载的那样，白居易在十一岁之前的全部童年时光，都是在这个安静的小村庄中度过的。这个小村庄见证了白居易的全部年少风华。

东郭村的老少妇孺几乎没有不知道小白居易的。在他们的印象里，小白居易自小便是不同寻常的。这个小小的锦衣少年，是小村庄里为数不多的官宦子弟。但，他的身上却丝毫没有官宦子弟的纨绔之风。他，小小年纪，便才华横溢，出口成章。那些与他一起长大的伙伴，无一不为他的才华所震撼。

更令人震惊的是，小白居易不仅在诗词方面颇有造诣，在别的方面也显现出了超凡的智慧。他的这种智慧，让他今后不仅成为了闻名于世的大诗人，还在官宦沉浮的政坛中，最终得以全身而退，安享晚年。

当了一回“小青天”

东郭村的早上总是静谧而安详的。小白居易最喜欢的便是东郭村的早上，一望无际的田埂，在田埂上忙碌的人们，总是让小小的白居易感到宁静的美好。

然而，正当小白居易欣赏着村庄的美景时，一阵阵喧闹声却响了起来。小白居易好奇极了，便马上跑到了街上，准备看个究竟。

“这明明是我家的鸡，怎么会是你家的！你这个骗人精，还想占了我家的芦花老母鸡！”白居易家附近一个穿花布的女邻居拽着母鸡的尾巴说道。

“我呸！你叫它它答应吗？这明明就是我家的老母鸡！”一个一脸横肉的邻居抻着老母鸡的翅膀也凶神恶煞地说道。

两个人争执不下，眼看就要打起来了。邻居们便建议他们去报官，让官老爷来判判。

这时候，小白居易却站了出来。他大声地说道：“不用报官！要知道老母鸡是哪家的，很容易的。”

大家听了他的话，看他小小的个子，稚气未脱小脸，都不太相信他的话。

“你们都知道老母鸡是很恋家的，你们把老母鸡放在地上，它念旧窝，自己就会回家的。它回到了哪家，自然就是哪家的了。”小白居易自信地说道。

乡邻们听了都觉得有道理。于是，两个吵架的邻居便同时把母鸡放在了地上。老母鸡刚才已经受到了惊吓，见终于重新获得了自由，一溜小跑地跑回了东边的邻居家，怎么叫也不肯出来了。

围观的邻居都哄笑不已。在众人的嘲笑声中，西家的女邻居脸变得红红的，狠狠地瞪了白居易一眼，便也一路小跑地回到了家里。

看到女邻居好笑的样子，小白居易也忍不住地笑了起来。乡邻们见白居易小小年纪便如此明断是非，都赞叹不已，背地里都叫他“小青天”。

当然，刚刚被赞誉为“小青天”的白居易还不知道自己以后的辉煌，他在东郭村这个小小的村庄，刻苦地读书，快乐地玩耍，尽情享受着幸福的童年。

时光荏苒，小白居易很快就到了七八岁的光景。他脸上的婴儿肥已经随着时间的流逝而消退了，他开始变得纤瘦而挺拔，这时候的小白居易已经非常精通诗词的音律了，或许是因为家族的原因，小白居易对诗词产生了浓厚的兴趣。

母亲陈氏看儿子如此聪明伶俐，十分开心，但儿子日渐长大，她教授起来有点力不从心了。她想到丈夫对小白居易的期望，又想到小白居易以后的前程，便决定给予儿子更好的教育，毕竟自己多是妇人之见，怕耽误儿子的大好前程。

母亲陈氏想到了自己的父亲，那个比丈夫还有文采的大诗人——陈润。当日，她便修书一封，请自己的父亲前来教授小白居易兄弟几人的课业。

她的父亲陈润年事已高，早已辞官归隐，与自己的妻子过着闲云野鹤的生活。收到女儿的书信，陈润想到自己多年不见女儿和外孙，十分想念。他早就听说自己的这个小外孙生而不凡，急切地想要一睹风采。与妻子商量后，他们夫妻二人决定马上赶往新郑，与自己的女儿和外孙团聚。

小白居易小小年纪就失去了祖父，而父亲因为公事繁忙，很少在家。家里除了老祖母，便是母亲，一直没有男性长辈与自己长时间的共处过。他听说，自己的外祖父要过来教授他们弟兄几人课业，马上兴奋异常。

在祖父来之前，他便不断地问母亲："外祖父什么时候来啊？他怎么还不来啊！"

看到儿子急切的样子，想到马上就要见到阔别多年的父母，陈氏的脸上也洋溢着笑容，她温柔地对儿子说道："居易啊，你外祖父马上就来了。等你外祖父来了，你可不准调皮，好好跟外祖父读书，以后一定要考个进士回来！"

“外祖父是进士吗？进士很厉害吗？”小白居易天真地问。

“当然了，你外祖父跟你祖父一样，都是明经出身！都很厉害！他们还是大诗人呢！”陈氏说道。

“那他们比李白还厉害吗？是比李白还厉害的大诗人吗？我读书的时候，李白可是很厉害的大诗人呢！”小白居易天真地问道。

听了儿子的话，母亲陈氏开心地笑了起来，她摸着小白居易的头说道：“傻孩子，你的祖父和外祖父都没有李白厉害，但是也是值得你好好学习的，你一定要好好跟外祖父学习，知道了吗？”

听了母亲的话，小白居易想了想觉得母亲说的有道理，便老成地说道：“母亲放心好了，我一定跟外祖父好好读书。等我长大后，一定要成为跟李白一样厉害的诗人！”

母亲陈氏听了儿子的豪言壮语，一直当成了童言无忌，也从没有放在心上。谁能想到，小白居易的一时豪言，竟然真的一语成谶。若说，在盛唐时期，李白是诗坛不得不提到的一位风云人物，那么在中唐时期，白居易就是一座不可逾越的诗山。李白被后世人称为诗仙，而白居易则被后世人称为诗王。

当年，这个小小的诗王，还不知道自己以后的辉煌。现在，他正站在家门口，翘首以盼自己那位大诗人外祖父呢。

现实也果然没让小白居易失望，外祖父和外祖母很快就到了新郑地界。对于外祖父一家的到来，白家表现出了极大的欢迎，最高兴的当然就是白居易兄弟几人了。

外祖父生性豪放，最喜欢吟诗作赋，对酒当歌了。每次，白居易看到外祖父对酒当歌，总是羡慕非常。他和自己的哥哥白幼文总是对外祖父手里的酒葫芦好奇非常。因为，每次外祖父喝了酒，总是能醉吟出一些特别好听的诗句。

他曾经偷偷看过外祖父的诗集，里面有几首诗，小白居易喜欢极了，他还曾经亲自临写过祖父的《宿北夜馆》和《东都所居寒食下作》：

宿北乐馆

欲眠不眠夜深浅，越鸟一声空山远。
庭木萧萧落叶时，溪声雨声听不辨。
溪流潺潺雨习习，灯影山光满窗入。
栋里不知浑是云，晓来但觉衣裳湿。

东都所居寒食下作

江南寒食早，二月杜鹃鸣。
日暖山初绿，春寒雨欲晴。
浴蚕当社日，改火待清明。
更喜瓜田好，令人忆邵平。

这一日，白居易和哥哥白幼文跟外祖父读完书后，看到外祖父又开始拿着酒葫芦对酒当歌了。趁着外祖父正写诗的工夫，兄弟两人，偷偷拿了外祖父的酒葫芦，每人喝了一小口。

好辣啊！但是辣过之后，却有一种畅快淋漓的感觉。自此之后，白居易便爱上了外祖父的酒葫芦，总是趁着外祖父不注意就抿一小口。

白居易的外祖父又怎么会不知道小外孙的小动作，但是他却睁一只眼闭一只眼，在他看来，小小男子汉，喝点小酒能有什么关系，想大诗人陶渊明不也是对酒当歌，流芳百世吗？还有那小外孙敬仰的大诗人李白，不更是嗜酒如命，创造了力士脱靴、贵妃研墨的辉煌一派吗？

在外祖父的纵容下，小白居易的酒量与日俱增。他也开始学着外祖父的样子，开始对酒当歌。不得不说，白居易长大后对酒的痴迷，与自己的这段童年经历是脱不开关系的。然而，也正是因为有了酒，白居易才得以在今后数年的流离失所中，最终熬了过来。

时光飞快，转眼小白居易已经快十岁了。十岁的小白居易已经能够自己吟诗作赋了。每次，外祖父看小白居易写的诗，总是不住地点头称赞。他想自己的这个小外孙，果然不是池中之物，若干年后，一定会成为诗坛一颗冉冉升起的新星。只是，自己年事已高，恐怕是等不到小外孙飞黄腾达的那一天了。

果然，陈润不久后便去世了。他的妻子也因为悲伤过度，随他而去。小小的白居易再一次经受了失去亲人的打击。祖父去时，自己尚且年幼，还不知其中苦楚。他与外祖父朝夕相处，感情深厚，如今外祖父突然逝去，小白居易感到心痛难忍，却无处宣泄，只好与母亲放声大哭。

外祖父去后，小白居易消沉了很长时间。闲暇时候，他便翻阅外祖父留下的诗卷，日夜研读。实在烦闷了，便到东郭村的田野上四处游荡，看到好的景色，便吟诗作赋一番。

所以，在东郭村广阔的田野上，在地里耕作的人们，经常能看到白家的小公子，一边游玩，一边作诗。有时候，他们做活累了，便停下来，听白家的小公子吟诗作赋。小白居易也喜欢他们听自己吟诗作赋。

那时候的小白居易对诗歌还没有很大的要求，直到有一天，他又对着乡邻们吟诗作赋的时候，一个牙都快掉光的老婆婆提出了自己的疑问。

诗，要念给婆婆听

说起这位牙都掉光的老婆婆，对白居易的一生产生了不可磨灭的影响。正是她，让白居易对作诗有了新的想法。

那一日，小白居易跟往常一样到田野里游玩。他走到东郭村一望无际的田埂上，看着那绿油油的禾苗一直通到天际，顿时诗性大发，于是便开始兴致勃勃地吟诗作赋。

谁知道，正当他为自己作的诗句暗暗自喜时，一位在田埂上晒太阳的老婆婆问道："小神童啊，你摇头晃脑地在念什么啊！老婆婆我一句也听不懂啊！"

小白居易马上答道："婆婆，你不懂！我正在作诗呢！"

"小神童啊，那你作诗的水平可不好啊！作诗不就是为了让人听啊，我这个老婆婆都听不懂，算不得好诗。"

听了老婆婆的话，小白居易深有所感，便高兴地说道："婆婆，那我改改，一直改到您听懂好不好？"

婆婆听了，高兴极了，便一直听小白居易作诗，一直到自己听懂为止。

时间过得快极了，马上就到了吃饭的时候了，婆婆也要回家吃饭了。小白居易依依不舍地和老婆婆告别，他对老婆婆说道："婆婆，以后我作好了诗，都念给你听好不好？"

看到这个小神童这么机灵好学，老婆婆从心里也欢喜非常，便开心地说："好啊，以后你作了诗，都可以念给婆婆听！"

就这样，小白居易在以后的岁月里，只要作诗，便会念给老婆婆听，直到离开这个小村庄为止。

为了能作出更通俗易懂的诗句，小白居易读起书来更加努力刻苦了。据说，小白居易因为日夜不倦地读书，口舌都生了疮。因为长期趴坐写字，他的胳膊都起了厚厚的老茧。但，小白居易对待读书，始终不曾懈怠，一直勤奋好学，日夜不休。

很多年后，白居易回想起自己年少读书的情景，曾经发出这样的感慨：昼课赋，夜课书，间又课诗，不遑寝息矣……可想而知，小小的白居易在自己年少时期，为了读书，付出了怎样的辛劳。

正当小白居易在作诗的道路上突飞猛进时，远方传来了他父亲升迁的喜讯：白季庚升迁为彭城令。这个消息，让整个白家都欢欣鼓舞起来。自从小白居易的爷爷白锽去世后，白家就过得艰难起来。

在他们这样的官宦时期，假如没有一个能够拿得出手的官职，他们的生活就会变得艰难，这让作为长子的白季庚一直郁郁寡欢。他也想让妻子和儿子离开这个不易居住的小村庄，怎奈正当乱世，能力有限，只好放弃了自己的想法。

这次，他终于升迁了，突然感觉扬眉吐气，有一种可以大展宏图的冲动。然而恰逢乱世，白季庚刚升迁为彭城令，彭城的形势便开始变得风起云涌起来。

大历末年，唐朝局势混乱不堪，中央势力日渐削弱，藩镇势力却日渐嚣张。藩镇势力疯狂征兵，扩张自己的势力，他们的势力甚至达到了"可以连兵抵制朝命"的地步。

建中二年，淮宁节度使李希烈联合各路大军征讨占据襄、邓、均、房等七州之地的襄阳节度使梁崇义。正在关键时刻，占据海、登、曹、濮等十五州之地的平庐淄青节度使李纳背弃唐王朝，投靠梁崇义。为了支援梁崇义，李纳派重兵把守徐州埇口，企图截断运往汴河航道的粮草。

徐州刺史李洧本想着归顺李纳，但遭到了白季庚的劝阻。在白季庚的劝说下，李洧决定归顺朝廷。李洧本是李纳的族叔，李纳知道李洧归顺朝廷后，大怒，马上派兵围攻徐州，攻打李洧。

徐州本没有太多的官兵镇守，一时成为了孤城。生死存亡之际，白季庚劝服吏民坚守城池，等待朝廷救援。为了鼓舞民心，白季庚亲自登上城池，与吏民一起作战，甚至亲掌矢石。在白季庚的带领下，徐州百姓整整坚守了四十二天，一直等到了援兵到来。

徐州守卫战后，白季庚因为不凡的表现，被朝廷破格升迁，自彭城令升为徐州别驾，授绯鱼袋，充徐泗观察判官。然而，朝廷的举动却彻底惹怒了李纳。自此，李纳对白季庚怀恨在心。

为了报复白季庚，李纳决定对他的家眷下手。而此时正在新郑的白居易一家却对此毫不知情。一家人一直沉浸在白季庚升迁的喜悦之中。

一天深夜，李纳的手下骑着战马潜入了新郑的白家老宅，这些满脸横肉的官兵顺手把火把扔进了厨房里。大火马上就蔓延了起来，幸好小白居易正在屋里苦读诗书，看到火光，马上跑了出去，喊醒白府诸人，开始灭火。

周围的邻居看到火光，也都起来帮助灭火。这时候，新郑的地理优势起了关键作用，因为此处积水甚多，取水方便，在大家的帮助下，一场大火很快便熄灭了。

事后，白居易的母亲对此困惑不已。因为丈夫不在，陈氏在家格外小心，每天晚上都会到各个屋子巡查，并没有发现什么安全隐患，何故，半夜三更会起火呢。她感到此事十分蹊跷。

白居易对此事也感到十分蹊跷。此时的白居易也已经完全脱去了稚嫩，因为父亲常年不在，他的性格变得十分稳健。他在厨房周围转来转去，想要找出一点蛛丝马迹。

很快，白居易便发现了线索。厨房的灰烬里有一块令牌，上面赫然写着“齐王李纳”。

而此时，有乡邻也提到白天有陌生的官兵路过，好像是直奔白府而来。

看到母亲忧心忡忡的样子，白居易说道：“母亲，此事一定跟齐王李纳有关。父亲刚升迁不到一个月，家里就发生了如此大事，一定是李纳因为徐州之战对父亲怀恨在心。只是父亲此时风头正盛，李纳对父亲无能为力，才想要报复我们。这次放火不成，李纳一定不会善罢甘休！这件事情，我们要马上告诉父亲，以防万一。”

陈氏听了儿子的话，顿时心惊不已，马上派人到徐州报信。白季庚知道此事后，也大惊不已。他马上在离徐州不远的符离置办了大的别院，派人把自己的家眷接到符离避难。

在白居易一家收拾行囊、准备离开新郑的时候，整个新郑已经陷入了一片恐慌之中，因为藩镇割据马上就要蔓延到整个曾经美丽祥和的小村庄了。

当白居易又一次站到东郭村的田埂上时，他看到的已经不是曾经的祥和与美丽，到处都是拖家带口准备逃难的乡邻。这样的情景深深地触动了白居易的心。“覆巢之下，焉有完卵”，白居易小小的心灵受到了极大的伤害，他握紧拳头，对自己说："我长大后，一定要做一个好官，为黎民百姓造福。"

在踏出新郑地界的时候，小白居易又回头看了看自己生活了十一年的地方。一种不舍之情，油然而生。他突然想起了高渐离，那个唱歌送荆轲远行的歌者。

"风萧萧兮易水寒，壮士一去兮不复还……"在这样的战乱年代，这一去可难有归时。故乡的一草一木，一砖一瓦，无不在他幼小的心灵中烙下了烙印。可是，如今战乱四起，等他归来之时，故乡是否还是他离去时的样子。

在家人的催促下，小白居易深深地看了故乡一眼，转身上了马车。离别的痛苦，很快被路途颠簸的痛苦所取代。这是白居易的第一次远行。这次远行，让他对颠沛流离有了深刻的认识。

一家人对这样的长途跋涉，十分不适。但是，哪里有什么办法呢？一家人只好忍着极大的不适，继续这似乎看不到边际的旅行。

然而，更大的悲伤很快降临了。在去徐州的路途中，白居易的弟弟金刚奴因为受不了路途的颠簸，病倒了。然而，时间紧迫，即使弟弟病倒了，家人也不敢耽误行程，一直朝着徐州的方向进发。

十一岁的白居易抱着已经陷入昏迷的小弟弟，心痛不已。他多希望马车能停下来啊！弟弟生病了，需要好好的静养，如此奔波，怎么会承受得住呢！

但是，小白居易的提议，很快就被家人否决了。在这前不着村，后不着店的道路上，哪有居所可以让他可爱的小弟弟好好静养呢！小白居易只好不停地跟自己的小弟弟说话，想要让小弟弟振作起来，然而小弟弟早已听不到他的鼓励。家人也四处寻找草药，然而都无济于事。

几天后，小金刚奴彻底地离开了人世。一家人哭天抢地，白居易也深受打击，但是逝者已逝，又有什么办法呢？最后，家人只好把小金刚奴埋在了一个长满荒草的土坡上。

白居易亲手埋葬了自己的弟弟。当最后一抔新土撒完后，白居易在弟弟的坟前，放声大哭！出门时，小弟弟还欢蹦乱跳地跟自己游玩嬉戏，如今却被埋在了这荒无人烟的地方成了孤魂野鬼，怎么不叫他心痛呢?!

失去弟弟后，白居易一路都被悲伤的心情所包裹。他开始明白生活的艰辛，生存的不易，也更加深刻地体会到了战乱对于他们而言意味着什么。

战争，不仅意味着流离失所，还意味着随时随刻的死亡。那些正在四处逃难的人们，是不是也像他们一样，失去了亲人，看不到前路，正在受着流离之苦呢？

战乱，心口的伤

在失去亲人的痛苦中，白居易一家终于到达了目的地——符离小镇。

符离小镇，位于水路交通要道，景色秀美，物业繁华。美丽的卞河蜿蜒穿过，清水碧绿，白鹭纷飞。白居易很快便爱上了这个像少女般含羞待放的小镇。

在这个美丽的小镇上，他度过了人生十分美好的一段年少时光。当春天来临时，符离小镇那柔软而绵延不止的小草，深深触动了白居易的心。苻离本是因草得名，草因为形状似草，而被称为“苻”，“离”则有生长茂盛之意。

苻离勃勃生机的小草极大地吸引了白居易。让白居易对生命产生了新的感悟。但是这种感悟几乎一瞬即逝，白居易并没有深想。因为，他很快在苻离找到了自己最为喜欢的地方——流沟寺。

说起流沟寺，除了一个唐朝的僧人提及过，后人几乎都对此寺没有记载，只出现在了白居易的诗中。在白居易的诗中，流沟寺中曾有过一棵古松：

题流沟寺古松

烟叶葱茏苍麈尾，霜皮剥落紫龙鳞。

欲知松老看尘壁，死却题诗几许人。

其实，很多地方就是这样，只因为一个人而名留青史。若是没有白居易这样一个人，写下了记载流沟寺的诗句。千百年之后的我们又怎么会知道有这样一个世外古刹呢？

对于白居易来说，流沟寺对于他是一个净化心灵的圣地。似乎在这里，他才能从心里真正获得安宁。那时候的苻离虽然还没有陷入藩镇割据的战火，但是也已经岌岌可危了。每当听到前方的战况，想到那些在战乱中流离失所的百姓，白居易的心总是会想到死在旅途中的弟弟，心情总是十分的低落。

每当这个时候，他一定会去的一个地方就是流沟寺。这个隐藏在深山的古刹，虽然隔绝了尘缘，却也隔绝了战乱。正像白居易所写的那样：

九月徐州新战后，悲风杀气满山河。

唯有流沟山下寺，门前依旧白云多。

在未来的岁月里，白居易每当遇到了战乱，便会想起这个让自己获得安宁的古刹。

在符离，才华横溢的白居易还结识了“符离五子”：刘翕习、张仲远、张美退、贾握中、贾沅犀。与这些人在一起，白居易总是心情舒畅。他们一起游障湖，登武里山，饮食喝酒，弹琴作赋，无一不大兴而去，尽兴而归。

正当白居易对符离的山水越来越有感情的时候，一封来自叔叔的家书彻底打破了白居易游遍符离山水的美好愿望。

原来白季庚的弟弟白季康，看到中原战乱不断，十分担忧，为了避免哥哥这一脉因为战乱而全部流离，白季康决定抚养自己的一个侄子，为哥哥保存一脉。

白季庚看了弟弟的信后，感动不已。但是也十分为难，要把哪个儿子送到弟弟那里呢。离开的就远离了战乱，留下的，只要发生战乱，就会生死未卜。

父亲白季庚看着自己的几个儿子，左思右想，也没有主意，最后他把自己的几个儿子都叫到跟前，让他们自己做决定。

白居易兄弟几个看了叔叔的书信后，黯然神伤。他们兄弟几个虽然不是一母同胞，却感情深厚，面对这样的局面，谁也不愿意离家人而去。

“爹，我们刚从新郑搬到符离，还没安稳，就又要分离，我是不会去的。弟弟们年纪尚小，让弟弟们去吧。我愿意与爹爹一起坚守城池！”大儿子白幼文说道。

听了大儿子的话，白季庚也伤心不已。他看着自己的小儿子白行简，尚且年幼，想到自己的儿子金刚奴就是因为颠沛流离而死在路途中。白季庚马上打消了让小儿子去的念头。

“行简年幼，如何经得起长途跋涉。此去，是为了给我白家留下一线生机，所去之人，一定要身强体壮才行。”白季庚说道。

“那就让居易去吧！我们兄弟三人，只有居易学问最好，想要光耀门楣，非居易不可！”白幼文说道。

“哥哥，我不去！我不愿寄人篱下，也愿意与爹爹一起固守城池，宁愿战死，决不与你们分离！”白居易坚定地说道。

看到儿子如此坚定，白季庚更加为难了。他对白居易有着不一样的期望，本也想让白居易去江南避难，但是怎奈儿子不愿意呢。他看向自己的妻子陈氏。

陈氏想到马上就要面对骨肉分离，已经哭成了泪人。看到丈夫为难地看着自己，勉强收住了泪，说道：“你们别争了，就让居易去吧！居易自小聪慧，白氏一族的希望都寄托在他的身上。”

看到儿子想要反驳自己，陈氏马上截住了白居易的话，厉声说道：“大丈夫能屈能伸，如今不是意气用事之时，你已经长大了，怎可轻言生死呢？”

看到儿子低垂着头，一副伤心欲绝的样子，想到要与最喜欢的儿子分离，陈氏语气也软了下来，接着柔声劝道：“居易，母亲何尝舍得与你分离，只是如今战乱不堪，我白氏一族把全部的希望寄托在你的身上，你怎能如此轻率。此去你叔父之地，虽然寄人篱下，但是你叔父为人磊落，与你父亲兄弟情深，绝不会亏待你！”

听了妻子的话，白季庚也颇有感触，觉得妻子句句敲在了自己的心坎上，便说道："你母亲的话，也正是父亲对你的嘱托。你现在就去收拾行囊，明日我便差人送你离开符离。"

白居易知道大局已定，虽然伤感不已，但却无可奈何，只好回屋子收拾行李。

当晚，母亲和兄弟都来安慰自己。看着母亲曾经年轻的脸上已经染满了风霜，如今眼圈红红，泪痕犹在。白居易的满腹牢骚也都忍了下去，宽慰母亲说："娘，你只管保重身体！居易自会照顾好自己，不叫您伤心。"

听了儿子的话，陈氏再也忍不住大哭起来。自白居易出生以来，从不曾与自己分离。如今，儿子马上就要孤身一人，远走他乡，她的心如同刀割一般。

几个兄弟也伤心不已，不断地嘱咐白居易路上的所有琐事。白居易看着骨肉情深的兄弟，更是难受。自己虽然寄人篱下，却远离了战火，而自己的骨肉兄弟，却还要面临战乱的侵扰，怎让他能安心离去呢。

第二日，白居易与家人告别后，背上行囊，开始了他又一次的颠沛流离。幸好白居易身强体壮，路上虽吃了一些苦头，但是还是安全地到达了自己的叔父居住地——江南，这个与自己有着不解情缘的人间天堂。

在叔父家，白居易得到了热情的款待。叔父果真如母亲说的那样，性格温和磊落，视自己如己出。想起父母的殷勤期望，白居易在叔父家读书更加刻苦。看到哥哥的儿子文采风流，气质不凡，白季康也是欣喜不已。

江南本是富庶之地，亦是文人墨客的向往之所。白居易到此后，很快被这里的景色所吸引。这里的烟雨朦胧、这里的溪流碧泉、这里的亭台楼阁无一不让白居易神往。

而最令人神往的便是这里的文人墨客了。自古江南多才子，苏州才子韦应物一直是白居易心中的偶像。只是自己现在才疏学浅，始终鼓不起勇气去拜访自己仰慕的大诗人。

在江南，他第一次听到了刘禹锡这个名字，苏州学院的大才子。这时候的他一定没有想到，多年后，自己能与刘禹锡齐名，成为莫逆之交。

只是，江南虽然百般好，白居易在月圆之夜，总是会忍不住思家情切。一天晚上，白居易独自登上江楼，看着天上的明月，想到自己客居他乡，与亲人离散，顿时伤怀不已。他猛灌了几口自己拎来的美酒，不想酒入愁肠愁更愁。

他在江楼之上大醉一场，离去之时，突然诗兴大发，遂写下了一首流传至今的《江楼望归》：

满眼云水色，月明楼上人。
旅愁春入越，乡梦夜归秦。
道路通荒服，田园隔虏尘。
悠悠沧海畔，十载避黄巾。

在江南的这段日子，白居易最高兴的便是收到来自家里的家书了。只要收到家书，他孤寂的心就会感到温暖非常。每当看到叔叔家的兄弟们兄友弟恭，他总是异常思念自己的兄弟。

一日，叔叔家的一个客人要回北方了，正好要路过父母的居所符离，他便托客人为他送去了一封书信，信中这样写到：

故园望断欲何如，
楚水吴山万里余。
今日因君访兄弟，
数行乡泪一封书。

可见白居易对家人的思念到了怎样的地步。这时候的白居易年仅十五岁，却早已经历经了世事的沧桑。这个年仅十五岁的少年，在离开故乡新郑以后，就彻底地结束了自己无忧的年少时光。举家迁到符离之后，虽然也对生活有了深刻的影响，但毕竟父母在侧，兄弟环绕，并没有体会过太多的孤寂。

如今，自己已经离开符离三年。这三年，身边没有父母兄弟，自己始终孤身一人在外，尝尽了孤独寂寞的滋味。每每想到父母兄弟，总是借酒消愁。这三年的酒量已经到了一个别人难以企及的地步。所谓，“喝酒伤身”，他如何不知其中利害，只是这三年的颠沛流离，如若没有这烈酒的相伴，那无数孤寂的凄苦之夜，又如何熬过呢？

想到自己的未来，想到父母兄弟的殷切期望，白居易越发惆怅。他想，若是一直在江南避难，何时才能光耀门楣呢？江南虽然安于一方，却不是自己未来的仕途所在。想到此，白居易不免有了新的想法，若要建功立业，非去京城不可！

“去京城！”这个念头，一兴起来，顿时一发不可收拾。他想到了那位大诗人李白，若是能同李白一样，一进京城便扬名天下，岂不快哉！快哉！

第二卷

长安，风流才子的繁华

他少年风华，仅以一诗名扬天下。他抱着满腔的报国热情，一心仕途，虽然几经沉浮，却步步登科；最后，他得偿所愿，终在大唐的朝堂之所，占有了一席之地。

十六岁，声名动长安

扬名天下，几乎是每个吟诗作赋的人最大的梦想。对于白居易而言，也不例外。他少年时期，就已经名扬乡里。如今饱受流离之苦，内心孤寂，急需寻找一个新的寄托，来填补心灵的空白。去京城闯一闯无疑是最好的选择。

可是去京城，一定要有能拿得出手的诗作啊！白居易把自己的诗作都拿了出来，左看右看，没有一个满意的。他拿起笔，想要写一首新的诗作，作为自己立足京城的敲门砖，但是却思路全无。

他拿着笔，呆了很久，只好抑郁地又放下了笔。最后，他只好出门散心，看看能不能有什么新的灵感。

此时正值春天，白居易漫步在江南的草原上，看着蔓延天际的小草。突然想到了符离那生机勃勃的碧草。江南的草虽然柔软，但是似乎少了些许刚劲。而符离的草，也许是因为经历了战火的洗礼，总是给人一种向上的生机。

是啊！最柔软的小草都能够历经战火的洗礼，百折不挠。自己为何不可呢？想到自己与家人离散，饱受战争之苦，又想到自己无数次在这荒原古道之上，与故友分离，白居易忽然诗兴大发，写下了流传至今的千古名句：

离离原上草，一岁一枯荣。
野火烧不尽，春风吹又生。
远芳侵古道，晴翠接荒城。
又送王孙去，萋萋满别情。

作完此诗后，白居易感觉这是自己所有诗中最有启发的一首，完全可以作为去京城的应考之作，于是便给这首诗提名《赋得古原草送别》。

有了这首诗，白居易便觉得信心倍增。他重新整理了自己的诗作，把这首诗放在第一位。

第二天，他便与自己的叔父白季康说了去京城的想法。叔父听到后，一边为侄儿有这样的壮志高兴，一边又有点放心不下。毕竟京城鱼龙混杂，柴米油盐贵，侄儿如今才十六岁，想要在京城立足谈何容易呢？

想到此处，便对白居易说道：“居易啊！你心有所向本是好事，只是京城离此地两千余里，路途遥远。加上京城柴米油盐贵，你可如何立足啊？”

听了叔父的话，白居易说道：“叔父，不用担心！此去长安，侄儿自有打算。如果不能在京城立足，侄儿会早日回来。”

白季康看白居易主意已定，只好为他准备了一些盘缠，送他出了江南。但是去京城的路，哪有那么容易。中原到处充满战火，白居易风雨兼程，历经两个月才到了长安城。

初到长安，白居易被长安的繁荣所震撼。这个繁华的城市似乎一点都没有受到战乱的侵扰，比之素有人间天堂之称的江南，也毫不逊色。那琳琅满目的长安街，那热闹的人群，无一不彰显着这座城池的气度和繁华。

刚来到长安，白居易是激动的，只是这种激动很快被现实的残酷所打败，因为那些柴米油盐太贵了，完全不是他这样的“外来贫民”所能负担起的。

为了尽快地解决自己的困境，白居易开始拜访京城的一些名士，不得不说，相对于科举考试，找个名人推荐自己，无疑是进入仕途的最佳捷径。

通过拜访打听，白居易知道要想在京城中立足，大诗人顾况是他不得不拜访的名士。不过，听说此人桀骜不驯，恃才傲物，不是那么容易接近!

但是想想，哪个出名的人没点小个性啊！自己要想在长安立足，如果连这点困难都克服不了，直接回江南避难算了。考虑再三，他决定第二天就去拜访这位著作郎大人。

不得不说，白居易这一路跋山涉水，面容是憔悴的。加上叔父给的路费十分有限，他的衣服也显得有点寒酸。那个当年在东郭村年少风华的锦衣少年，到了京城这个富庶之地，很快就变成了落魄公子。

顾家的下人把这个年轻人领进去的时候，是忐忑不安的。要知道，他家老爷的个性可是十分不好相处的。一般二般的人物，他可瞧都不瞧上一眼，这个少年如此落魄，不会直接被自家老爷奚落一番，直接轰出来吧！

果然，顾况看到白居易的一脸菜色，十分不高兴。他想自己的时间多宝贵啊，跟这么个落魄的小伙子有什么好说的。但是，人都已经来了，暂且说几句话吧！

于是，他漫不经心地问："你叫什么名字啊？"

白居易看到顾况的漫不经心，心里很受打击。但是，想到来这里的目的，还是谦逊地回道："晚生白居易，久仰顾大人之名，特来拜谒！"

"白居易啊！没听过！不过这个名字挺有意思。居易，居易，京城可是不容易居住啊！"顾况奚落道。

听了顾况的话，白居易也有些生气了，倔强地说道："晚生久仰先生诗名，特意把自己的诗作整理一番，希望获得先生的指导。如果，晚生真的才疏学浅，自会离开，不打扰先生。"说完，白居易便双手奉上了自己整理的诗集。

听了白居易的话，顾况一愣，没想到这个年轻人还挺傲骨。就不知道他写的诗怎么样。于是，顾况接过白居易的诗，看了起来。没想到，才看了两句，顾况心里就大吃一惊。

"离离原上草，一岁一枯荣"，他没想到这个年轻人竟然有如此才华，忍不住赞道："好句好句啊！"

等读到"野火烧不尽，春风吹又生"时，顾况欣喜异常，看着白居易和蔼地说道："真是好句啊！能写出如此好句，在长安居住又有什么难的呢？居易啊，刚才我只是笑言，不要当真啊！"

听到顾况这样夸奖自己，白居易刚才的郁闷便一扫而光，继续谦逊地说道："顾大人，太客气了！晚生若能得到先生的指点，乃是三生之福啊！"

听了白居易的话，顾况对这个年轻人更满意了。大丈夫能屈能伸，才是栋梁之才啊！于是，马上让家人奉茶，并让白居易坐了下来，他自己更是拿着白居易的诗作爱不释手。

等到所有诗作都看完后，顾况高兴地说道："好多年都没有读到如此佳句了！真是畅快啊！居易啊，你放心吧，我自会向上级举荐你的！"

听了顾况的话，白居易高兴坏了，再三拜谢，才依依不舍地离开了顾家。顾况也没有食言，极力向上级举荐白居易，白居易的诗作也很快传遍了长安城。

因为当初有老婆婆的指点，白居易的诗通俗易懂，即使目不识丁的妇人和尚且年幼的孩子都能读懂。一时之间，他那句"野火烧不尽，春风吹又生"瞬间席卷了长安城的大街小巷。白居易这个名字，也成了长安诗坛炙手可热的名字。

白居易初到长安，便名扬天下，不禁壮志满怀。趁着这股"春风"，白居易很快便又出了新作《王昭君二首》：

满面胡沙满鬓风，眉销残黛脸销红。
愁苦辛勤憔悴尽，如今却似画图中。
汉使却回凭寄语，黄金何日赎蛾眉？
君王若问妾颜色，莫道不知宫里时。

这两首诗很快便在长安掀起了新的高潮。尤其是歌女们对此诗更是情有独钟，专门谱了曲子，到处传唱。很快，白居易的诗名又提高到了一个新的高度。在京城的才子们，无一不想结识这位独闯诗坛的“黑马”。

但是，白居易的风光只是表面的。因为他虽诗名在外，却始终不能谋得一官半职。而他又没有李白的雄厚背景，没有太大的经济来源，日子过得越来越拮据。

转眼白居易已经来京城两年，长安也已经进入了冬天。但是白居易却已经没钱去购置取暖的狐裘了。没几日，白居易就病倒了，因为没钱，白居易只好硬扛着。

春节过后，白居易的身体变得更加孱弱。眼看过几天就是花灯节了，正是才子佳人大展身手的时刻，只可惜自己……

正在白居易苦闷不已的时候，一些在长安与他交好的朋友约他一起出去游玩。能够与好友游玩，白居易当然高兴非常，但是想到自己病体孱弱，又囊中羞涩，只好婉拒。

朋友们走后，白居易想到自己竟然落魄到如此地步，不禁倍感伤怀，写下了一首七言绝句：

喧喧车骑帝王州，羁病无心逐胜游。
明月春风三五夜，万人行乐一人愁。

写下此诗后，白居易辗转反侧。他突然明白，仅仅靠几首诗是不能解决自己的生计问题的。要想进入仕途，有所成就，非科举考试不可！

想清楚后，白居易心中的郁结稍缓。正好这时，收到了一封来自符离的家书。自己离家多年，父母兄弟甚是想念自己，如今战乱稍缓，希望自己能够早日回家与家人团聚。

看完家书后，白居易忽觉归心似箭。自己何尝不思念家中的亲人呢？想到自己离开符离的这几年，每年的中秋之夜，自己都孤身一人，不能与亲人团聚，对家的思念更加浓烈。

又想到自己在长安的处境，虽然表面风光，但早已经捉襟见肘，苦不堪言，顿时有了一种一天也不想在长安待下去了冲动。

想到此处，白居易马上收拾行囊，踏上了回家的路。这一年，白居易刚满十八岁。回家的路上，白居易想起符离的点滴，不禁神往不已。自己已经离开符离整整六年，慈爱的母亲可安好，活泼的小弟是不是已经长得和自己一般高，还有与自己交好的“符离五子”是否还记得自己……

白居易越想越开心，回家的喜悦之情彻底冲淡了这几年的流离之苦。如自己所料，白居易刚到家，母亲兄弟就迎了出来。

母亲陈氏看到自己的儿子形容憔悴，想到儿子小小年纪，就与家人分离，多年来流离失所，还独闯京城，不禁心疼不已。马上叫厨房为儿子端上了早已经准备好的鸡汤。

白居易在长安生活拮据，加上路途奔波，早已经是饥肠辘辘。看到鸡汤，马上狼吞虎咽地吃起来。看着儿子的吃相，陈氏更加难受，说道：“居易啊！此次回来多在家住一段时间，好好养养身体。等身体好了，咱们再考取功名。”

听了母亲的话，白居易开心地说道：“娘，这次回来，我多陪陪您！考取功名的事，儿子早有打算，您不必操心！”

白居易又看了看一直好奇地看着自己的小弟白行简，说道：“行简啊！你不认识哥哥了吗？想不到，你都长这么高了！”

见自己敬仰的哥哥如此和蔼地看着自己，白行简激动极了。这个人可是名扬长安的白居易啊！哥哥的诗作，他早已拜读了许久，如今哥哥回来了，自己一定要抓住机会，让哥哥多指导自己一下。

回到家后，白居易孤寂多年的心灵，很快回暖了。他开始好好养身体，也开始为自己的科举之路做打算。

科举，笔笔生花最少年

正当白居易闭门苦读的时候，一个不幸的消息从襄阳传来：在襄阳做官的父亲患了重病。闻此噩耗，白居易一家马不停蹄地赶往襄阳。

等到一家到了襄阳的时候，白居易的父亲白季庚已经卧床不起。看到老父形容枯槁的样子，想到自己至今一事无成，白居易羞愧至极。

在襄阳这段时间，白居易衣不解带地侍奉在老父身边，不时聆听父亲的教诲。白居易在浮梁担任主簿的哥哥白幼文也赶到了襄阳照顾父亲。兄弟见面自是欢喜异常，但想到父亲重病，兄弟三人顿时感到愁肠百结。

看到儿子们都侍奉床前，白季庚略感欣慰，但是想到自己已经大势已去，不仅对家族的未来分担忧虑。他知道自己这一生一直仕途不顺，虽有过辉煌，但是也未曾给家族带来大的荣光。加上他一直不事权贵，靠着微薄的俸禄也未曾给孩子们谋得一官半职。如今，自己这一去，妻子和孩子们也就失去了主要的经济来源。他们该如何过好以后的生活呢？

想到此处，白季庚不禁悲从中来。他把几个妻子和自己孩子叫到跟前，艰难地说道："孩子们，为夫知道自己命不久矣。可怜你们母子几人，不知以后的归宿如何。"

听到丈夫说出这样的话，陈氏再也忍不住呜呜地哭起来。白季庚看看已经头发花白的妻子，想到妻子的贤惠，拉起妻子的手，温柔地说道："莫哭，莫哭……"

他又看看跪在床前，已经泣不成声的儿子们，说道："等我死后，你们一定要好好侍奉你们的母亲。为父这一生，仕途不顺，不曾光耀门楣，一直引以为憾。你们一定要努力读书，考取功名，完成为父的遗愿……"

听到父亲的话，白居易兄弟几人都止住眼泪，点头称是。

公元794年，白居易的父亲白季庚撒手而去，一家人陷入了巨大的悲痛之中。由于白季庚一直两袖清风，不曾留下太多财物，白家竟然没有财力把白季庚的灵柩运回原籍。最后，白居易兄弟几人，只好含泪把自己的父亲葬在了襄阳。

安葬好父亲之后，哥哥白幼文开始离职丁忧，而弟弟行简尚且年幼，自己也是闲人一个，没有经济来源。一家人在襄阳，几乎无法维持生计。兄弟几人，再三商量之后，决定送一家人再次回到符离旧宅。

在白家兄弟服丧期间，白家过得更加艰难，几乎到了吃不上饭的地步。白居易也深刻地体会到了穷人的疾苦，看到一家人的艰难生活，想到父亲的灵柩尚且留在异乡，白居易就痛苦非常。

这三年，白居易比以前更加刻苦读书。他一心想要考取功名，改变白家的境况，为白家光耀门楣。

公元798年，兄弟三人服丧期满，哥哥白幼文重新到浮梁担任主簿。白居易也踏上了自己的科举之路。因为家里已经到了四处借债度日的地步。白居易决定去投靠如今在宣州做官的叔父白季康。

从白居易内心而言，他是十分不想去投奔叔父的。想到他十二岁时去投奔叔父，叔父就对他寄予厚望，而自己如今已经二十七岁，依旧一事无成，哪里有颜面去见自己的叔父呢？

然而，家境已经维艰到如此地步，除了投奔叔父，还有什么更好的办法呢？考虑再三，白居易再次踏上了从符离去叔父家的路程。在路途中，白居易内心的凄苦，比上一次去叔父家更加难受。他抬头看着天上的明月，想到如今的战乱，父亲去世后家庭的艰难，兄弟几人为了生计四处奔波的辛苦，有感而发，写下了著名的《望月有感》：

时难年荒世业空，弟兄羁旅各西东。
田园寥落干戈后，骨肉流离道路中。
吊影分为千里雁，辞根散作九秋蓬。
共看明月应垂泪，一夜乡心五处同。

白居易到达宣州后，叔父白季康看到侄儿的落魄，伤感异常。想到侄儿前途未卜，他担忧不已，便问道：“居易啊，你如今已经到了而立之年，也该为自己的前途打算了……”

听了叔父的话，白居易说道：“叔父，侄儿此次前来，就是为了此事。侄儿决定参加科举考试！”

白季康听后，非常欣慰，说道：“居易啊，你早该走此仕途。你虽然诗名在外，但是却没有一官半职，不是长久之计啊！如今，你有此想法，叔父定会助你一臂之力!”

等白居易安顿好之后，白季康马上带他去拜见了喜好诗文的宣州刺史崔衍。崔衍早听过白居易的诗名，对白居易礼遇非常。虽然白居易不是宣州本地人，但是崔衍却破例让白居易直接参加了宣州的乡试。

在参加乡试时，白居易认识了出身豪门的杨虞卿和才华横溢的侯权。三人一见如故，友好非常。这次考试，他和侯权都得到了崔衍的赏识，获得了去长安参加进士考试的资格。

只是，自己身无分文，叔父已经帮助了自己很多，实在不好意思再向叔父借钱。白居易便决定去洛阳，母亲和弟弟行简正寄居在洛阳的族兄家中。

到达洛阳后，看到母亲和弟弟寄人篱下，白居易也是愁苦非常。母亲听到白居易获得了进京考进士的资格，十分高兴。在哥哥白幼文的资助下，白居易再次踏上了去长安的路。

到长安后，白居易再次遇到了在宣州的好朋友侯权。二人都家境贫寒，好诗文，因此互为知己。经过长时间的准备，白居易和侯权终于迎来了期盼已久的进士考试。考试的题目是《性习相近远赋》《玉水记方流诗》。看到这两个试题，白居易顿时觉得文思泉涌，大笔一挥而就。

考试结束后，白居易心情忐忑地等待着放榜之日。他的心理压力是很大的，成败与否在此一举，想到家里的困境，母亲的期望，白居易的心情变得十分沉重。

就这样，白居易怀着忐忑的心情一直等到了放榜之日。他和侯权一起到了放榜的地方。白居易从第一名开始看起，第一名不是，第二名不是，第三名不是，第四名，白居易。看到此处，白居易被巨大的喜悦包裹，自己多年的努力，终于得到了回报。这次再回家，再也不是以前的穷困潦倒，而是衣锦还乡。

与白居易的喜悦不同的是，侯权落榜了。侯权为此失落不已，与白居易寒暄几句之后，便告辞了。自此，白居易很多年都没有看到过侯权。

这一年，正是公元800年，白居易已经二十九岁了。及第之后，与白居易一样中榜的人，齐聚一起，喝酒畅聊。不久，白居易与好友们告别，回家报喜，友人们殷勤相送。想到自己从前的落魄，如今的春风得意，白居易写下了一首《及第后归觐，留别诸同年》：

十年常苦学，一上谬成名。
擢第未为贵，贺亲方始荣。
时辈六七人，送我出帝城。
轩车动行色，丝管举离声。
得意减别恨，半酣轻远程。
翩翩马蹄疾，春日归乡情。

之后，便快马加鞭回家报喜。母亲陈氏得到儿子白居易高中的消息兴奋不已，一家人洋溢在巨大的喜悦中。但是，白居易并没有因此而懈怠，因为进士及第，不过是进入仕途的第一步。他接下来还要面临吏部的选拔考试。

为了准备吏部的考试，白居易写下了上百道判书，这就是著名的《百道判》。两年后，白居易再次来到长安，参加了朝廷的吏部考试。当考官看到白居易精彩绝伦的上百道判书时，惊喜非常，发出了极大的感慨。不久之后，白居易的这百道判书便名声大噪，白居易也因此再次高中。自此之后，白居易的这百道判书，便成了吏部应试者的范文。

这一年，正是公元802年，与白居易一起高中的还有著名的大诗人元稹。当时白居易已经三十一岁了，而元稹才二十四岁。但这一点也不妨碍他们成为至交好友。

第二年，白居易终于获得了朝廷授予的官职——秘书省校书郎。秘书省校书郎就是管理国家图书的九品小官。有了官职之后，白居易便在长安定居下来，虽然俸禄不多，但是生活上却有了极大的改善。为此，白居易感到了前所未有的轻松，终于不用再依靠家里！自己终于也有俸禄了！他一高兴，便忙里偷闲做了一首诗：

帝都名利场，鸡鸣无安居。
独有懒慢者，日高头未梳。
工拙性不同，进退迹遂殊。
幸逢太平代，天子好文儒。
小才难大用，典校在秘书。
三旬两入省，因得养顽疏。
茅屋四五间，一马二仆夫。
俸钱万六千，月给亦有余。
既无衣食牵，亦少人事拘。
遂使少年心，日日常晏如。
勿言无知己，躁静各有徒。
兰台七八人，出处与之俱。
旬时阻谈笑，旦夕望轩车。

谁能雠校间，解带卧吾庐。

窗前有竹玩，门外有酒沽。

何以待君子，数竿对一壶。

秘书省校书郎，其实是一个闲职。白居易在任三年，过得相当的惬意，除了喝喝小酒，吟吟小诗，也没有别的大嗜好。三年任期满后，白居易开始了自己的赋闲生涯。这期间，白居易对自己的仕途有了新的想法。他想，自己不能一直这样不思进取，必须还要参加科举，以求更大的进步。

与他有同样想法的还有他的好友元稹。二人商量此事后，决定一起前往华阳观潜心苦读。经过了几个月的准备，白居易写出了七十五篇《策林》。在策林中，白居易陈述了自己的政治主张。《策林》同《百道判》一样，引起了轰动的效果。因为《策林》论述精湛，言辞优美，因此被广为传颂，成为后人科考的必读项目。

毫无疑问，这一次白居易又一次中第了。这一年，正是公元806年，白居易已经三十五岁了。与他一起中第的还有他的好朋友元稹。但在授予官职时，白居易却因为文辞太过直接，被分配到了陕西周至县做县令。他的好朋友元稹却因为文辞稍含蓄，被重用，官拜左拾遗。

小儿咿呀《长恨歌》

周至县，位于八百里秦川之南，北有周秦古都，南有商洛重镇。秦川蔓延千里，在周至形成了钟南山。这里有一个著名的仙游寺一直是文人墨客的必游之地。

到达周至县后，白居易先到自己的衙门环视了一下，一周后，白居易命令差役用砖头堵上县衙的西庭南门，在北墙上开了新门，他还命人在新门的两侧各植了一棵青松。

这样一来，周至县就出现了两个衙门，一个衙门是原来门向南的老衙，一个衙门是门朝北的新衙。因为新衙门前有两棵大松树，因此又被老百姓们称为“双松署”。

这一日，城南的李财主和城西的赵乡绅双双来到了“双松署”告状。二人因为争田产而起了争执，为了赢得这场官司，赵乡绅特意差人买了一条鲤鱼，他在鲤鱼肚子里装满银子，托人送到了白居易所在的衙门。

这件事很快便传到了李财主耳朵里，李财主哈哈笑道：“就你那点银子能顶什么事！我伸伸手指都比你的腰粗！来人啊，去买一只最大的西瓜！”买来后，李财主便掏去西瓜里的瓜瓤，在里边塞满了银子，托人也送到了白居易的衙门。

上堂后，白居易便问他们：“你们谁先说呢？”

赵乡绅觉得自己经常出入衙门，又送了银子，便忙不迭说：“大人，我的理（礼）长（指鲤鱼的身子），让我先讲。”

李财主听了，想到自己也送的银子，便也抢着说道：“老爷，我的理（礼）大（指西瓜的个儿），让我先讲。”

二人为此争吵不休，白居易很快便沉了脸。他厉声说道：“大堂之上，竟敢如此喧哗，你二人你争我抢，成何体统！”

听了白居易的话，二人都是一愣。二人心想，我们送了银子，不应该和颜悦色嘛，怎么气氛有点不对呢？是不是忘了送银子这件大事了。

想到这里，赵乡绅便决定给这位新上任的大老爷提个醒。他灵机一动，马上跪下说道：“大人息怒，大人息怒，小的是个愚（鱼）人！是个愚人!”他特意把“愚”字拉得老长。

李财主也不甘示弱，学着赵乡绅的样子，大喊道：“大老爷啊，您息怒！您息怒！小的是个粗人，是个粗人！我是种瓜……的！种瓜的啊!”他一边说，一边用双手比划了一个大大的西瓜。

白居易听后，不屑地笑了笑，依旧厉声说道：“你们俩不用这么旁推侧敲的，本官耳聪目明，自然分得清，也看得清!”

他命人把那条装满银子的鲤鱼扔给赵乡绅，笑道：“把你的鱼还给你，你可真是一个愚人!”

又命人把装满银子的西瓜扔给李财主，也笑着说道：“把你的西瓜也收回去吧！不过也真的算是一个傻瓜!”

白居易说完，便朝着门外看热闹的百姓，大声说道：“自古衙门面朝南，理在后边钱在先。本县改衙面朝北，钱路堵衙理通天。”

赵乡绅和李财主听了羞愧不已，而门外的百姓早已欢欣鼓舞。说完，白居易便狠狠地拍了一下惊堂木，大声地宣判道：“今天本官便以你俩以儆效尤。判你们个‘买衙贿官’之罪！来人啊！拉下去！每人重责四十大板!”

众衙役听后，觉得大快人心，便一拥而上，把二人按倒在地，直打得皮开肉绽，方才收监。

白居易“青天”的美名很快在周至县传播开来，那些想要告状的人纷纷来到衙门请青天大老爷为自己做主。一时之间，周至县的衙门人满为患。白居易也真的践行自己的诺言，不事权贵，一心只为民做主，受到了老百姓极大的推崇。

除了处理官府的事务，白居易最大的兴趣便是游山玩水了。这时候的他，早已不是当初那个落魄的书生，而是有官职、有俸禄的“小贵人”。

在游山玩水的过程中，他结识了到周至县的第一个朋友马造。马造为人孤傲，但却颇有才华，与白居易一见如故。二人经常一起到处游玩，白居易还写过一首诗，赠给自己的这个好友：

县西郊秋寄赠马造

紫阁峰西清渭东，野烟深处夕阳中。

风荷老叶萧条绿，水蓼残花寂寞红。

我厌宦游君失意，可怜秋思两心同。

在马造的引荐下，白居易很快结识了更多有才华、有风骨的才子，这些人中便有王质夫和陈鸿。

王质夫为人仙风道骨，一直在仙游寺旁的仙游山隐居，给人一种出淤泥而不染的脱俗感。陈鸿是周至县的一个小官，久闻白居易诗名，对白居易敬仰非常。

四人见面，畅所欲言，大有相见恨晚之感。白居易本就对官场中的龌龊之事反感异常，怎奈自己深陷其中。如今，见有如此高洁的人物与自己结为好友，也觉得十分荣幸。

离别之时，王质夫邀请三人，有机会到他的仙游山游玩。白居易早就对仙游山神往已久，欣然应允。其他二人因为早已游览过仙游山，但也愿意与王质夫一起为白居易做向导。就这样，三人约好了共游仙游山。

这一日，阳光灿烂，万里无云。四人齐聚在仙游山，一边游山玩水，一边吟诗作赋，好不惬意。

到了仙游寺，王质夫说道：“此寺虽然名为寺院，却有许多凄婉的爱情故事。”

听到此处，白居易好奇道：“王兄，何出此言？莫非有什么典故不成?”

陈鸿笑着说道：“白兄有所不知啊！据说此地是秦穆公之女弄玉与情郎萧史的相遇之地……”

听到此处，白居易心有所感，说道：“真是妙处啊!”

见白居易如此神往，王质夫接着说道：“不仅如此，这里还供奉过唐明皇和杨贵妃呢!”

白居易听后，更是惊讶非常。他马上问道：“这是何故，为什么此地要供奉唐明皇和杨贵妃呢？莫非有人如此敬仰二人不成?”

听了白居易的话，其余三人都大笑起来，最后，王质夫说道：“白兄，此事我们三人也不知是真是假，你就当是一则奇闻，暂且听听如何?”

白居易看到三人故弄玄虚，更是心痒难耐，马上说道：“三位好兄弟，就不要吊在下的胃口了，速速道来，也好让我一听为快!”

听到白居易这样说，马造忙说道：“白兄不急不急，你且听我细细给你道来！你可知，咱们这周至县与杨贵妃缢死之地马嵬坡相距不远？民间传言，杨贵妃死后，她的尸骨就是被送到了此处埋葬。后来，唐明皇驾崩之后，也被送来了这里，由这里的高僧超度。因为如此，这里才供奉了二人的牌位。”

谈到唐明皇和杨贵妃的爱情故事，四人都唏嘘不已。沉默了一会儿，王质夫说道：“自古红颜祸水，杨贵妃一直被人们称为祸水，但细细想来，此女子也不过是红颜薄命。”

白居易听后，也感慨道：“王兄此言甚是，杨贵妃不过区区一小女子，又怎会有翻云覆雨的能力，不过是政治的牺牲品罢了。可怜可叹，他们的爱情故事，也将随着历史而远去了！”

陈鸿也感慨道：“二人的爱情故事也堪称传奇了！世人若不为二人留下只言片语，实在是遗憾啊！”

马造听陈鸿如此说道，便马上接口道：“白兄，你素有诗名，何不趁此良机作诗一首，也好让我们瞧瞧你的才华呢?!”

其余二人，也马上称是，纷纷劝白居易作诗一首。白居易听了这则传闻，本已经心驰神往，感慨非常，听到众人的话，也不推辞，说道：“那为兄就献丑了！”

王质夫马上备好了纸笔，白居易低头略一思吟，一挥而就：

汉皇重色思倾国，御宇多年求不得。
杨家有女初长成，养在深闺人未识。
天生丽质难自弃，一朝选在君王侧。
回眸一笑百媚生，六宫粉黛无颜色。
春寒赐浴华清池，温泉水滑洗凝脂。
侍儿扶起娇无力，始是新承恩泽时。
云鬓花颜金步摇，芙蓉帐暖度春宵。
春宵苦短日高起，从此君王不早朝。
承欢侍宴无闲暇，春从春游夜专夜。
后宫佳丽三千人，三千宠爱在一身。
金屋妆成娇侍夜，玉楼宴罢醉和春。
姊妹弟兄皆列土，可怜光彩生门户。

遂令天下父母心，不重生男重生女。
骊宫高处入青云，仙乐风飘处处闻。
缓歌慢舞凝丝竹，尽日君王看不足。
渔阳鼙鼓动地来，惊破霓裳羽衣曲。
九重城阙烟尘生，千乘万骑西南行。
翠华摇摇行复止，西出都门百余里。
六军不发无奈何，宛转蛾眉马前死。
花钿委地无人收，翠翘金雀玉搔头。
君王掩面救不得，回看血泪相和流。
黄埃散漫风萧索，云栈萦纡登剑阁。
峨嵋山下少人行，旌旗无光日色薄。
蜀江水碧蜀山青，圣主朝朝暮暮情。
行宫见月伤心色，夜雨闻铃肠断声。
天旋地转回龙驭，到此踌躇不能去。
马嵬坡下泥土中，不见玉颜空死处。
君臣相顾尽沾衣，东望都门信马归。
归来池苑皆依旧，太液芙蓉未央柳。
芙蓉如面柳如眉，对此如何不泪垂。
春风桃李花开日，秋雨梧桐叶落时。
西宫南内多秋草，落叶满阶红不扫。
梨园弟子白发新，椒房阿监青娥老。
夕殿萤飞思悄然，孤灯挑尽未成眠。
迟迟钟鼓初长夜，耿耿星河欲曙天。
鸳鸯瓦冷霜华重，翡翠衾寒谁与共。

悠悠生死别经年，魂魄不曾来入梦。
临邛道士鸿都客，能以精诚致魂魄。
为感君王辗转思，遂教方士殷勤觅。
排空驭气奔如电，升天入地求之遍。
上穷碧落下黄泉，两处茫茫皆不见。
忽闻海上有仙山，山在虚无缥渺间。
楼阁玲珑五云起，其中绰约多仙子。
中有一人字太真，雪肤花貌参差是。
金阙西厢叩玉扃，转教小玉报双成。
闻道汉家天子使，九华帐里梦魂惊。
揽衣推枕起徘徊，珠箔银屏迤逦开。
云鬓半偏新睡觉，花冠不整下堂来。
风吹仙袂飘飖举，犹似霓裳羽衣舞。
玉容寂寞泪阑干，梨花一枝春带雨。
含情凝睇谢君王，一别音容两渺茫。
昭阳殿里恩爱绝，蓬莱宫中日月长。
回头下望人寰处，不见长安见尘雾。
惟将旧物表深情，钿合金钗寄将去。
钗留一股合一扇，钗擘黄金合分钿。
但教心似金钿坚，天上人间会相见。
临别殷勤重寄词，词中有誓两心知。
七月七日长生殿，夜半无人私语时。
在天愿作比翼鸟，在地愿为连理枝。
天长地久有时尽，此恨绵绵无绝期。

白居易写完之后，四人久久不能回神。过了许久，白居易抬头问道：“兄弟们，觉得此诗如何?”

三人才恍然回神，王质夫率先说道：“妙啊！妙啊！如此大手笔，真是前无古人啊!”

陈鸿也赞道：“素闻白兄诗名，今日一见，果然不同凡响啊！小弟敢保此诗一定会传遍天下!”

马造本是孤傲之人，此刻也忍不住赞道：“好诗！妙诗！此诗一出，唐明皇和杨贵妃的爱情传奇，必将流传千古啊!”

在王质夫的要求下，白居易把此诗的原稿留给他做纪念，王质夫一直以此为傲。白居易此后将该诗提名为《长恨歌》。

不久之后，白居易的这首《长恨歌》传遍了天下，尤其是人才济济的长安城。据说，即使是咿呀学语的小儿，都能说上几句诗句。

那些喜欢把诗词编写成曲的歌姬更是对此诗情有独钟，甚至有些青楼妓院在评花魁的时候，会此诗的歌女便会脱颖而出，一枝独秀。

白居易，这个名字再一次在京师掀起了诗歌的浪潮，坐在明堂之上的皇上，也开始重新度量白居易这个人。

诗魔，怎能没有酒来狂

诗人，大多嗜酒。白居易作为中唐时期最负盛名的大诗人，对酒更是情有独钟。

在白居易小的时候，他对外祖父手里的酒葫芦就好奇非常，经常趁着外祖父不注意，偷几口小酒喝。在他长大后，多年的流离失所，让他对酒有着特殊的依赖。每当他寂寞难耐，思家情切时，酒便是他唯一的伴侣。只是，那时候的他，几乎可以称得上穷困潦倒了，省的几个铜板，也只够买一些下等的酒喝。

等到他科考中第之后，终于有了收入，但是怎奈是一个看图书馆的小官，俸禄微薄，就算喝喝小酒，也不敢畅怀痛饮。而且他还有母亲需要供养，还有很多礼仪需要往来，还有以前的债务没有偿还，长安的酒又那么的贵，白居易只好适度地饮酒，酒的品质，当然也就没有什么质量保证了。

白居易到了周至县后，俸禄也多了些，之前，家里借的一些债务，也在长安当校书郎的时候彻底还清了，他现在是无债一身轻，虽然仕途上有些小小不顺，但是总体来说，还是步步高升的。再加上周至县的物价也不是很高，白居易经济上有了明显的改善，不仅有足够的钱银请朋友吃酒喝茶，还有了足够的能力对酒进行一番研究了。

更可喜可贺的是，《长恨歌》一出，白居易的诗名大胜。他正担任左拾遗的知己好友元稹从京城传来消息，说皇上对他的才情大加赞赏，升迁只是时间问题。

闻此消息，白居易当然很高兴了，他一高兴，首先想到的便是痛饮一番。不得不说，酒的确是一个好东西，当人们愁苦万分的时候，酒便是解忧的良药；当人们欢喜非常时，酒又成为了助兴的法宝。历史上有多少文人墨客，每逢喜事，便大呼："拿酒来，今天高兴，不醉不归!"每逢难事，又有多少英雄志士，借酒消愁，愁入愁肠，愁更愁!

此时的白居易当然是前者，想当初，他十六岁进京，便扬名天下，那时候的他虽然青春年少，风华正茂，但却穷困潦倒，报国无门。如今，他已经是三十几岁的“高龄”，再一次名扬天下，他已经是官服在身，也不用到处去找门路报国。不仅如此，他现在已经完全不用旁人举荐，就已经得到了皇帝的青睐。此情此景，他又怎能不开怀痛饮一番。

当晚，白居易大醉一场。这样的喜事，这样的转变，这样的荣光，怎能没有美酒来助兴呢？只是，貌似这酒，嗯，不太好喝啊！

在白居易完全醉过去之前，一个奇妙的想法出现了，自己何不亲自酿造一些美酒呢？

说起酿酒，因为白居易的外祖父本就喜欢饮酒，他的母亲陈氏也会酿造一些简单的酒。只是，母亲酿的酒太过普通，与乡邻所酿的酒没什么大的差别。

或许冥冥之中，自有注定。在白居易上京赶考之时，曾经遇到过一个姓陈的书生，该书生家里一直就是以酿酒为生。他仰慕白居易的才华，看到白居易如此喜欢喝酒，便把自家酿酒的方子，写了一张给白居易。只是，白居易当时正在准备考试，无心考虑酿酒一事，此事便耽搁下来。

等到白居易醒后，他突然想到了那张酿酒的方子。翻箱倒柜之后，他发现，幸好自己嗜酒如命，那个方子被自己保存得还挺好。因为有了自己酿酒喝的念头，白居易马上拿着此方研读起来。他发现陈家的这个方法，比以前杜康酿酒的法子，要先进很多。如果，自己能够把这两个方子加以研究，没准会有意想不到的效果。

不得不说，白居易一时的奇思妙想，为他挣了一个和“诗王”一样响亮的名字——酒狂！

说干就干，白居易自此之后，便开始潜心研究酿酒的方子。只是，说时容易，做时难，白居易发现酿酒压根没有自己想得那么容易。为了有所品鉴，白居易开始喝各种各样的酒，想要找出其中的优劣。

他首先品尝的便是“何以解忧，唯有杜康”的杜康酒方。据说，此方是杜康亲自撰写流传下来的。白居易按照此方酿酒，发现此方的酒虽然清澈透明，却略显粗糙。他又尝试酿过宜城的“竹叶青酒”，但是不知道是不是方法不对，他总觉得此酒太浊。后来，他亲自饮了来自宜城的“竹叶青酒”，虽然比自己酿造的清冽，但是却依旧不能避免浑浊。

只是，饮酒因人而异，此酒虽然浑浊，也颇受一些人的追捧，只是白居易对酒有着自己的独到的见解。

就这样，白居易尝试酿造了很多的酒，但是却依旧没有突破。他虽然在这一时期，酿酒不成，却因为尝了很多的酒，对酒有了新的理解。

有一日，好友王质夫来到白府找白居易，走进门后，看到白居易正对着几十坛子酒发呆，心想自己真有口福，王质夫早知道，白居易正在潜心造酒，就不知道成果如何。

“白兄，莫非这些都是你酿的酒?”王质夫笑着问道。

看到好友光临，白居易也是欣喜非常。他马上迎上去，把王质夫拉到那一堆酒缸前，说道：“王兄，你来得正好，你且尝尝这些酒如何?”

王质夫早已经和白居易私混熟了，也不推辞，挨个尝了一遍，觉得似乎每缸都有过人之处，但也有不足之处，便问道：“白兄，觉得怎样的酒才为上上之品?”

白居易一下子便被问住了，自酿酒以来，他虽然博采百家，却一直没想过，自己要酿什么样的酒。

看白居易闭口不答，王质夫安慰道：“白兄不妨把酿酒的事情放一放，有些事情是需要时间的沉淀的。白兄，可以多想想什么样的酒才最合你的心意。”

白居易听王质夫说得有理，便说道：“王兄此言甚是，居易有醍醐灌顶之感！若我心中对酒没有一定之规，恐怕穷其一生也无法酿造出美酒来！来，来，来，王兄既然到访，咱们不如对酒当歌，大醉一场!”

见白居易这样高兴，王质夫的兴致也被挑了起来，大笑道：“白兄如此洒脱，陪你大醉一场又如何！我定不醉不归!”

二人相携而笑，举杯痛饮，好不畅快。

白居易从不曾想过，这是他最后一次与自己的好友痛饮，也不曾想到，这是他们最后的见面。

多年后，他终于酿造出了心中所想的美酒，只是那个当初指点自己酿酒的人，却已经故去。这个世间，陪自己喝酒的人何其多，但是谁又能同王兄一样，陪自己不醉不归呢?

世事无常，有些人，在我们生命里不过一方过客，转眼而逝。然而，他的一言一语，他的一颦一笑，却如刀刻般，刻在了我们心中，刀刀入骨，永生难忘。王质夫于白居易而言，何尝不是如此刻骨铭心的存在。

白居易的酿酒生涯，因为好友的指点，在周至县，暂告一个段落。通过这个酿酒事件，他对酒的痴迷又达到了一个新的高度，几乎到了每逢作诗，不得不饮的地步。

白居易知道自己在周至县的任期就要到了，也知道此次再入京师，恐怕再难有机会到周至县来。于是，决定再游玩一遍这个对自己意义特殊的美丽地方。

与以往不同，他这次选择了乡下。要知道，白居易自幼在乡下长大，对乡村有着深厚的感情。

这一日，白居易没有与自己的好友同游，而是着一袭白衣布衫，决定深入民间。此时，正值夏日，阳光灼热，正是农民收割小麦的时候。

他刚到田野便看到很多的妇女拿着饭菜，领着孩子给在地里割麦的家人送饭。那些青壮年，就在如此烈日下，面朝黄土背朝天地辛勤劳作着。

虽然，他们已经累得满头大汗，饥肠辘辘，但是却没有人回家吃饭，依旧筋疲力尽地劳作着。

还有一些背着孩子拾麦的妇女。那些孩子尚在襁褓之中，也跟着自己的母亲在烈日下烤晒，有些耐不住炎热的孩子，早已经哭得上气不接下气，拾麦的母亲依旧一手哄着孩子，一手不停地拾麦。

白居易看到此情此景，难受极了。他停下来，问身边一个正在拾麦的妇女："此地可是你家麦地？"

妇女听后，悲苦地说道："官人，这哪里是我家的麦地。我们已经没有麦地可种了，我们的麦地都为了缴纳官税而卖光了！我们没有饭可吃，只好拾些麦子充饥。"

听到此处，白居易羞愧不已。自己何德何能可以过着如此舒适的日子，而这些百姓却生活在水深火热之中。

他想到如今混乱的朝廷，又想到这些辛苦的割麦人，没准什么时候也会失去自己付出血汗的田地，成为下一个拾麦人，一时间，竟然热泪盈眶。

他想到白家一心为民的祖训，又想到自己为人父母官，却对此情此景无能为力，不禁悲从中来。

他浑浑噩噩地回到家中，竟然食之无味，夜不能眠。多次辗转反侧之后，白居易只好借酒消愁。酒过三巡，他有感而发，写下了一首著名的讽谕诗《观刈麦》：

田家少闲月，五月人倍忙。
夜来南风起，小麦覆垄黄。
妇姑荷箪食，童稚携壶浆。
相随饷田去，丁壮在南冈。
足蒸暑土气，背灼炎天光。
力尽不知热，但惜夏日长。
复有贫妇人，抱子在背傍。
右手秉遗穗，左臂悬敝筐。
听其相顾言，闻者为悲伤。
家田输税尽，拾此充饥肠。
今我何功德？曾不事农桑。
吏禄三百石，岁晏有余粮。
念此私自愧，尽日不能忘。

白居易在周至县的任期，很快到了。果然，和自己好友元稹说的一样，他被皇上招至京师。公元807年，唐宪宗亲自下诏，招白居易回长安，破格升为翰林学士。

樱桃口，小蛮腰

白居易再次回到了长安。与以往不同的是，白居易这时候的回归，无异于载誉而归。长安的达官贵人都知道，白居易这次的回归将扶摇而上。

不得不说，达官贵人的眼睛都是雪亮的。他们马上看到了白居易无量的前程，纷纷向白居易表达自己的好感。但是，哪里知道，白居易竟是一个铁板子，虽然做得几首诗都柔情百转，为人却是十分刚正不阿，不事权贵。

那些投其所好的达官贵人大多都碰了一鼻子灰，看到白居易如此“不识好歹”，有些人知难而退，有些人却对白居易怀恨在心。其中这些怀恨在心的人，就包括时下正十分吃香的宦官。自古，宁得罪君子，不得罪小人。此时，还满腔报国热情的白居易，显然还没参透其中的奥妙。他还不知道，自己虽然刚入京师，却已经得罪了真正的掌权者，为自己以后的仕途埋下了一颗定时炸弹。

这次入长安，白居易身心都有着无与伦比的轻松，也正是因此，他在闲暇之余，经常与自己的好友饮酒作乐。只是，自己的好友元稹因为得罪权贵，被贬为了河南县令。少了这位好友作陪，白居易喝酒之余总不觉得畅快淋漓。而自己最知心的朋友王质夫远在陕西，也不能相聚，喝酒之余，不免觉得寂寥。

大概是看出了白居易的寂寞，他身边的朋友便想，不如带他到青楼妓院舒缓舒缓。要知道，那时候的青楼妓院可是合法的，不仅合法，还十分明目张胆。若说长安城最繁荣的是哪里？青楼妓院无疑是要排在第一位的。那些长安才子最爱去的地方是哪里，那一定也是青楼妓院无疑。风流才子，人不风流，枉才子！

已经资费不缺的白居易，在朋友的带领下，也豪不做作地随着他们去了长安最大的青楼。那些青楼的姑娘们，听说来人正是她们仰慕已久的白居易，一下子热火朝天了。

谁不想一睹，这个大才子的“芳容”，而且这个大才子还刚刚受到皇帝重用，马上就要飞黄腾达了。

在众多目的的驱使下，那些打扮得花枝招展的姑娘们都纷纷在这位大才子的面前献歌献舞。其中两人，一个唱的最是绝伦，一个舞的也最是精妙，她们俩就是至今仍然闻名于世的“樊素口”和“小蛮腰”的原身——樊素和小蛮。

这是樊素和白居易的第一次会面。与小蛮不同的是，樊素早已经对白居易敬仰非常。白居易的《长恨歌》是她最喜欢的诗歌，每次，无论是吟，还是唱，她都内心触动。那时候，她一直想，是怎样柔情百转的男人，才能写出如此可歌可泣的爱情。

如今，她终于见到了这位自己思慕已久的大诗人。自己怎能不努力叫这位白大人刮目相看呢？一曲之后，樊素便又唱了一曲，此曲正是白居易的《长恨歌》。

白居易起先并没有特别注意这名女子，在这烟花之地，他对酒的感觉要比对女人的感觉更甚。

谁知，在他半醉半醒之间，忽然听到有人吟唱自己的那首《长恨歌》，声音清脆，曲调婉转，犹如天籁。

他抬头，静静打量那位唱歌的女子，只见她肤如凝脂，眉如远黛，青丝垂肩，广袖飘飘，最让人过目不忘的还是那一张正在一开一合的樱桃小口，不点而朱，精妙绝伦。

“精妙绝伦！精妙绝伦！”白居易看着那张樱桃小嘴，忍不住地赞道。

樊素唱完之后，便走到白居易身前，微微一福，轻启朱唇，轻轻地说道：“小女子樊素，久仰白大人诗名，倾慕不已！愿为大人再歌一曲。”

其他的才子早已经开始起哄，随行的朋友，也趁机劝道：“白兄，你果然是声名远播啊！既然，樊素姑娘如此仰慕你，何不招至家中日日为伴呢？”

白居易仔细打量眼前充满期待的女子，心中一动，不禁想起了那个令自己相思了半生的女子，也曾这样充满期待地看过自己。罢了，罢了，如此佳人，若不收之，让佳人以后如何在此地自居。

当晚，樊素和小蛮便随白居易回到了家中。她们二人，自此之后，一直陪在白居易身侧，为他排忧解难，颇受白居易喜爱。白居易更是写下了不少关于二人的诗句，最出名的便是那句：“樱桃樊素口，杨柳小蛮腰”了。

有了樊素和小蛮的陪伴，白居易寂寞的心情得到了很大的填补。然而，这件事却触动了白居易的母亲陈氏。

自从白居易这次回到长安后，便租了一所大房子，想要把自己的母亲陈氏接了过来。母亲陈氏一生坎坷，未曾享受过荣华富贵，自己如今有此能力，怎能不把自己的母亲接来同住呢？

于是，在白居易到长安后不久，他就派人把自己的母亲陈氏接到了长安。母亲陈氏到达京师后，看到儿子有如此成就，欣慰极了。

她一生困苦，所念所求，不过是儿子能够有所成就，光耀门楣。如今，自己得偿所愿，怎能不高兴呢。

可是，最让母亲放心不下的还有一件事，就是儿子的终身大事。要知道，此时的白居易已经三十六岁的高龄了，却还没有娶妻，此事一直是陈氏的心头大患。陈氏自然知道儿子为什么一直未娶，这也是陈氏心口的一道伤。自己从小寄予厚望的儿子，竟然爱上了一个乡野女子。一向对自己言听计从的儿子，为了这么个乡野女子，曾不止一次地出言顶撞自己。

这样的女子，尚未过门，就让儿子如此对待自己，若是过门了，还了得！更何况，白家虽然曾经落魄，却也是官宦世家，书香门第，所娶女子即使不是什么官宦女子，也绝对不会是乡野卖唱的歌女！

就这样，白居易和自己的母亲第一次发生了大的争执。最后的结果可想而知，白居易本是孝子，怎会真的让母亲伤心绝望，只好完全放弃了自己的初恋。只是，多少个午夜梦回，自己耳边，总是会传来那一声充满期待的“居易哥哥”。

这也是为什么，他一直孑然一身，不愿娶妻的原因。在他的心里，那个“妻子”的位子，早已经属于一个乖巧体贴的女子。

这一晚，母亲见儿子竟然从青楼带回了两个歌舞妓。“歌妓！歌妓！”想到那个与自己八字没有一字合的女子也是唱歌为生的，陈氏顿时对刚到白府的樊素讨厌非常！

陈氏想，绝不能如此耽搁下去了。自古以来，不孝有三，无后为大！儿子如果一直如此，她怎么对得起自己死去的丈夫！怎么对得起白家的列祖列宗呢！

等到白居易来跟自己请安的时候，陈氏便留下白居易说话。她如今已经是白发苍苍，眼睛因为多年的操劳，也已经看不清东西。她慈爱地看着自己的这个儿子，想到他小时候的不凡，如今的辉煌，觉得此生得子如此，夫复何求。

她拉着儿子的手，说道：“居易啊，如今你已经过了而立之年，也该成家立业了。娘知道，你心中有那个女子！可是那个女子，如何配得起你如今的身份。”

见儿子低头不语，陈氏一阵心酸，眼泪就跟着落了下来。白居易见老母亲哭了起来，想到母亲为自己操劳一生，顿时觉得愧疚不已。

他马上跪在母亲面前，说道：“母亲莫哭，儿子听你的便是！明天便让人为儿子说媒，娶一个女子回来，孝敬母亲。”

陈氏看着跪在地上的儿子，又看看儿子早生的华发，想到儿子至今无后，不禁动了恻隐之心，可是她一想到那个让自己厌恶的女子，又想到儿子以后的前程，便硬下心肠，说道：“居易，你自小便从不曾让母亲失望，只是婚姻之事，一直与母亲做对。别的事，母亲都可以依你，只是那个女子，我是万万容不下的！莫说是为妻，就是为妾、为奴，我也是容不得的！你自此便断了念想吧！”

白居易听到此处，想到自己日思夜梦的女子，顿时肝肠寸断。自己终是负了她！是他负了她啊！可是，他能怎么办呢？即使是能为妾、为奴，以她那样孤傲的性子，又如何能应允呢？

自己这半生，只倾心爱过这样一个女子，不曾成就一段佳话，却成了永久的伤口。自此之后，日日夜夜，这伤口将会越来越深，永生难以愈合，这痛、这苦、这痴心，终是付诸东流了。

从母亲房里出来之后，白居易浑浑噩噩。他失魂落魄地走在繁华的长安街上，看哪里都是满目疮痍。他知道，母亲主意已定，自此之后，自己与那个叫“居易哥哥”的女子，再也没有在一起的可能了！

之前，他还对此事抱有幻想。他总想着，只要他们两个人都坚持下去，终究会长相厮守，谁能料到，最后的结局竟是如此凄凉。

他越想越是痛苦，便一头扎进了一个酒馆里，唤道：“小二，拿酒来！”这天，白居易一天都在酒馆里买醉，直喝得酩酊大醉，摔倒在地。

店里的人，有人认识这位大诗人的，便告知了也在酒馆喝酒的杨虞卿。杨虞卿与白居易本是知己好友，听到好友大醉的消息，惊讶非常。

他知道，白居易虽然嗜酒，却也不会贪杯至此。等到楼下一看，杨虞卿大吃一惊，昔日那个风度翩翩的好友，怎么今天竟是如此模样啊！

他和家仆费了九牛二虎之力，才把白居易弄到了自己的家中。他细心喂了好友茶盏，却不想好友竟然痴痴地念道：“湘灵，湘灵……我终究是负了你！负了你啊！湘灵……湘灵……”

第三卷

爱情，埋没在东风里的殇

他是她的竹马，她是他的青梅；他曾经非卿不娶，她曾经非君不嫁；他曾经为了她，与母亲百般抗争，她曾经为了他，对父亲苦苦哀求。然而，当爱情最终被东风埋没，他再也不是那个情痴，而她亦不再相信爱情。

大才子的小青梅

湘灵，是白居易这一生最挚爱的女子，亦是白居易这一生最愧疚的女子。这个女子曾经让他懂得了什么是真正的爱情，亦让他明白了爱情，不过是一场埋在东风里的殇。

湘灵七岁，白居易十一岁。他们相遇在符离，那个让白居易难以忘怀的小镇。

第一次相遇的时候，白居易是落寞的。他还沉浸在远离故乡的悲伤中，还沉浸在失去弟弟的痛苦中。那时候的他，也不过是一个刚谙世事的小小少年。

而那时候的湘灵更是天真懵懂、年少无知。她和父亲住在离白居易家很近的一所房子里。她的父亲精通音律，而她耳濡目染，也颇懂音律。她早就听说，街上搬来了一家特别有学问的人家，只是一直未曾见到。

那一日，她正在院子门前唱歌，抬头便看见有一个小少年正盯着自己。她看那个少年，长得可真好看，衣服也干干净净的，不像别家男孩子那样粗糙。她想，这一定是新来的有学问的邻居。

“你是新来的邻居吗？”湘灵问道。

白居易本来第一次到符离，很是陌生。他本想出来逛一逛，谁知道，一出门便听到有人在唱歌。那歌声可真是好听，像是黄莺出谷，冲淡了他多日来的悲伤。

他循着歌声找去，便看见一个小女娃，正坐在门前唱歌。她可真小，和自己的弟弟金刚奴一样小。他想起，在新郑的时候，弟弟也经常坐在门前唱歌，那时候弟弟也这样小，唱歌也这样好听。想着想着，便痴痴地站在了那里。

见小女孩抬起头来问自己，白居易才回过神来。他看着小女孩晶亮的眼睛，笑着说道：“嗯，小妹妹，我是新来的邻居。我叫白居易。你叫什么名字啊？”

湘灵本是乡野女子，性子活泼洒脱，加之年龄又小，见白居易盯着自己，也不害羞，开心地说道：“呀，我猜你就是新来的邻居。长得果然好看！我是湘灵。你可要记住啊！因为我爹爹说，我长得也十分好看呢！”

白居易见这个女娃如此讨喜，便笑着说道：“你长得也好看，我们都长得好看。湘灵，你刚才唱的什么歌啊？可真好听！”

“我也不知道我自己唱的是什么歌呢，是我爹爹教我的！我爹爹唱的最好听了！你喜欢听吗？喜欢的话，我可以唱给你听。”湘灵笑盈盈地说道。

“喜欢，很喜欢……”白居易看着湘灵，怔怔地说。

“那我唱给你听！”说完，湘灵便又开心地唱起来。

整个上午，白居易就一直跟湘灵在一起，听她唱了一首又一首。最后，湘灵唱不动了，白居易还兴趣盎然。

因为白居易还没有听够，湘灵便和白居易做了约定，等到明天上午接着唱给他听。作为回报，白居易答应教湘灵读书认字。

第二天上午，白居易果然应约而来。见邻居家的小公子肯教自己的女儿读书认字，湘灵的爹爹也是欢喜非常，对这位白家的小公子十分礼遇。

而在白府操持家务的陈氏，虽然也知道儿子跟邻居的小女孩相处甚好，也没觉得什么。在她看来，儿子年纪尚小，还没有到情窦初开的时候，便也不加约束，由他来去。显然，陈氏忽略了什么是所谓的青梅竹马。

青梅竹马，肯定要年纪尚小啊！而白居易和湘灵的年纪则恰恰最是青梅竹马的时候。多年后，儿子为了湘灵与自己第一次撕破了脸，陈氏才后悔莫及，自己果然是太纵容儿子了，让儿子被这么个乡野女子彻底迷惑了。

当然，这是后话。此时的陈氏，还没有那么强烈的危机感。只觉得，儿子能与乡邻友好，未尝不是一件好事。

于是，在双方父母的或纵容或支持下，两个最青梅竹马的孩子，开始了长达一年的相处。白居易手把手地教湘灵读书写字，而湘灵在闲暇之余，便给这位有学问的大哥哥唱歌解闷。

这一日，白居易正在教湘灵读书写字，湘灵的父亲却在一边唉声叹气。白居易看到后，便问道：“老伯，你可有什么伤心事？为何总是叹气呢？”

湘灵的父亲虽然是一个乡野村夫，却颇有见识，听到这位小公子问自己，便说道：“如今到处是战乱，徐州又是重地，恐怕在这里，很难有安宁的日子啊！”

白居易早已经经受过战乱之苦，深知战乱的苦楚，听到此处，也沉默不语。

只有湘灵尚且年幼，不经世事，懵懂地问道：“居易哥哥的爹爹不是个守城的大英雄吗？有居易哥哥的爹爹在，咱们一定会很安全的是不是？”

白居易听到湘灵幼稚的话语，想到湘灵这样崇拜自己的父亲，心情慢慢好转，柔声说道：“小湘灵真是聪明啊！有我爹爹在，肯定能守住徐州，让百姓过上安定的日子！”

听到白居易这样说，小湘灵更是开心了，她拉着白居易的手，开心地说道：“我就知道居易哥哥的爹爹是最厉害的爹爹，等居易哥哥长大后，一定比居易哥哥的爹爹还要厉害！奥，对了，我的爹爹也是很厉害的爹爹！”

说完，便对着自己的爹爹做了一个鬼脸，拉着白居易跑了出去。谁知，他们刚到街上，便看到了出来办事的陈氏。

陈氏看见自己的儿子在大庭广众之下，被一个女子拉着手，顿时觉得格外刺眼。真是不知羞耻，不知是谁家的女孩，竟然在这样的闹市与男子拉拉扯扯，自己的儿子也是，难道不知道什么是男女授受不亲！竟然这样不顾礼仪！

而与湘灵牵手游玩的白居易也看到了自己的母亲。他马上带着湘灵走上前去，向母亲问好。

陈氏看见儿子竟然拉着那个女子的手，来到了自己面前。又定睛一看，这不是邻居家的湘灵吗！果然长得唇红齿白，眉清目秀，真是好看，怪不得儿子自从来了符离就不着家了。

陈氏一下子意识到了问题的严重性。儿子刚谙世事，与这样漂亮的女孩子整天厮混在一起，难免不被教坏。自己真是太大意了。见儿子拉着湘灵向自己问好，陈氏马上板着脸说道："居易啊！你到符离后，不好好读书，到处瞎逛什么！还不回家去！"

回到家后，陈氏把白居易叫到屋里，训斥道："你已经快十二岁了，自来符离整天与那湘灵厮混在一起，可曾好好读书！今日之后，不准再到湘灵家去，好好在家闭门读书！"

听了母亲的话，白居易也不敢反驳。他知道自己这一年确实荒于读书，便决定听母亲的话，好好闭门读书。

可谁知，只是几日不见湘灵，白居易竟然感到十分落寞。耳边少了那清脆的笑语，闲暇时，也看不到那如花的容颜，听不到那悦耳的歌声，总觉得自己的生活突然就空出了一大块。

一连好几日，白居易读书都没力气，有点茶不思、饭不想的。正想偷偷溜出去找湘灵玩一会儿，家里便收到了叔父白季康的书信。这封书信，彻底改变了白居易的命运，也让白居易和湘灵第一次尝到了离别的滋味。

离开符离的当日，白居易本想再见湘灵一面，怎奈时逢战乱，时间紧迫，白居易只好不辞而别。

而尚在懵懂中的小湘灵，听说他的居易哥哥竟然不辞而别，去了江南，不免大吃一惊。她想，以后再也没人教自己读书写字了！以后再也见不到好看的居易哥哥了！

她越想心里越难受，最后趴在桌子上，大哭起来。她的父亲看到女儿情窦初开的小模样哭笑不得，便劝道："湘灵啊，你居易哥哥是人中龙凤，将来是要飞天的！你现在还小，等你长大了，你居易哥哥就回来了！"

听到父亲的话，小湘灵转忧为喜。她想到自己的居易哥哥以后可是人中龙凤，便暗暗下定决心，一定要把居易哥哥教给自己的书都念好，让居易哥哥也对自己刮目相看。

湘灵，虽是一乡野女子，却聪明灵透。她的一言一行，虽没有大家闺秀的风范，却独有一种亲和的气质。像她这样没有权势，没有地位的女子，能被男人爱上，除了凭借姣好的容颜，还有就是凭借温柔的个性。

而湘灵被白居易苦恋多年，除了姣好的容颜、温柔的个性，她的坚韧和忠诚也是其他女子所不能比拟的。

白居易离开之后，湘灵的父亲患了重病。因为家庭失去了支柱，湘灵小小年纪便开始为了生计而到处奔波。她一个小女子，手不能挑，肩不能扛，除了倚门卖唱，别无他法。

自从小湘灵走上卖唱生涯之后，她对生活就有了新的体验。而记忆中，那个好看的居易哥哥，也慢慢地在心里沉淀。哪个少女心中不曾有过一个英俊的白马王子。很显然，在湘灵的心里，她的居易哥哥便是她最英俊的白马王子。

而对白居易而言，湘灵是他在整个年少时期，唯一深度接触的女子。她的一颦一笑、一言一语都深深地印在了白居易的脑海里。虽然随着时间的流逝，白居易对湘灵的印象越来越模糊，但是心里的那份悸动却保留了下来。

他们之间，本就情愫暗生，怎耐当初年少，未曾察觉。然而，一旦长大，他们再次相逢，那埋藏在岁月里的爱情，怎么还能耐得住寂寞，必当轰然而起。

离别，才知相思苦

爱情，最美的时候便是在最懵懂的时候。纵观白居易与湘灵的爱情，多离别苦楚，最甜蜜的时候，竟是在青梅竹马时。

有些人，总是相见不如怀念。若是白居易与湘灵不曾再遇到，那么这世间或许就会少一场凄婉迷离的爱情。或许，白居易会早早地娶一个官宦女子，而湘灵也自会遇到自己的良人，结婚生子，而不是最后落得个红帐孤灯。

只可惜，这世间最无奈的一个字便是“若”。白居易十六岁时，京城扬名，远在符离的湘灵已经是窈窕少女。听到白居易扬名天下的消息，湘灵的心里是异常甜蜜的。她依旧记得，多年前，那个才华横溢的少年曾经手把手地教过自己写字。

她不知道，那个好看的少年是否还记得自己。她也不知道，他们此生是不是还有缘分再见一面。但是，少女懵懂的心，总是为自己年少时，曾经认识过这样一位翩翩公子而感到庆幸。那是她惨淡的人生中，唯一的一抹光亮，亦是她一生中最大的期盼。

或许是上天听到了这位少女的心声，白居易很快便回到了符离老家。此次回家，白居易的心情比之上次更加沮丧。因为上次是对不可预知的灾难的无奈，而此次则是对明知道的官宦生涯的无力。

这一次驱散了他全部阴霾的竟然还是那个美丽的女子。只是这次，迎接他们的不是甜蜜的相守，而是生生的别离。

那一日，他又看到了湘灵。起先，他并没有认出那就是叫自己“居易哥哥”的小女孩。她只觉得那个女子，眉眼弯弯，笑容灼灼，真是好看。看着她，他便想起了那首诗经：“桃之夭夭，灼灼其华；之子于归，宜室宜家……”

忽然，那个浅笑的女子也看到了他。他从她的眼里看到了惊喜，看到了期待。他细细打量着盈盈浅笑的女子，埋在青春记忆里的悸动渐渐苏醒……

他恍然明白，那是湘灵！

他也对着她笑，那笑容依旧如他们初见时那般亲切美好。他看着那个女子袅袅走到自己面前，福了一福，说道：“居易哥哥，你可还记得湘灵？”

“湘灵长的这么好看，居易哥哥怎么会不记得呢！”白居易笑着说道。

见白居易依旧如小时候一样打趣自己，湘灵觉得既亲切又有点羞涩。毕竟，他们都已经不再年少。

见湘灵羞红了脸，白居易更觉得有趣，继续打趣道：“湘灵不是说居易哥哥长得也好看吗？你再看看，居易哥哥现在有没有更好看呢？”

“居易哥哥，你真坏！竟然还拿小时候的事情取笑人家！”湘灵羞涩地说道。

这次相遇，两个人依旧像小时候见面一样，一直说个不停，各自诉说着自己的遭遇。

“居易哥哥，你我久别重逢，让小妹再给你唱首歌吧！”湘灵突然说道。

“太好了，居易哥哥一直想念湘灵的歌声呢！”白居易说道。

于是湘灵便为白居易高歌了一曲。她一边唱，一边充满期待地看着白居易。既像是想要得到白居易的肯定，又像是在诉说着自己无尽的情谊。

当晚，白居易就失眠了。他脑海里时时浮现着那一道倩影，辗转反侧。正当他翻来覆去的时候，突然外边传来了湘灵的歌声。那曲子正是湘灵今天为自己唱的那首。

白居易马上坐了起来，他打开窗户，看着外边的月色，心里甜蜜极了。因为，他知道湘灵也在思念着自己。想到此处，他大笔一挥，写了一首《邻女》：

娉婷十五胜天仙，
白日嫦娥旱地莲。
何处闲教鹦鹉语，
碧纱窗下绣床前。

与白居易的甜蜜截然不同的是，他的母亲陈氏听到歌声，脸色马上沉了下来！这次白居易回来，陈氏最担心的便是儿子与湘灵那个姑娘旧情复燃。

要知道，儿子不在的这几年，那个叫湘灵的姑娘不仅出落得花容月貌，还长了一副好嗓子。在这小小的符离镇，可是大出风头。那些富家公子，整日里都来捧她的场。这让官宦世家出身的陈氏极为看不上，一个好好的闺阁女子，不在家好好待着，整天出去抛头露面，成何体统！

她这次一定不能大意，一定要看好了儿子，绝不能让这小妖精把自己的儿子迷惑了去。

第二天一大早，陈氏便把白居易叫到了自己房里。她语重心长地对儿子说道：“居易啊，你此次进京，虽然扬名天下，却依旧没个一官半职。在家这段时间，你要好好养身体，好好读书。万不可与乡野女子私相授受!”

白居易那样聪明，怎么会不知道母亲的言下之意。他也想为湘灵反驳一下，但想到母亲的慈爱，只好作罢。

这一日，白居易都没有出门，只是在家闭门读书。可是，他哪里能读进一个字去！脑子里都是湘灵的盈盈浅笑，耳边都是那一句句酥酥麻麻的“居易哥哥”。

白居易觉得自己生病了，患了相思病。而正当他郁闷难当的时候，“符离五子”来了。

母亲虽然对湘灵百般不待见，但是对“符离五子”还是相当礼遇的。听说符离的名士来拜访自己的儿子，陈氏马上把他们五人都迎到了家中。

白居易已经好几个年头没有见过“符离五子”了。听到好友来访，顿时来了精神。好朋友见面，自然畅所欲言，在白府聊了几句，就相约到酒楼喝酒。

六个人在酒楼吟诗作赋，好不惬意。酒喝得正酣的时候，白居易就见湘灵缓缓地走了进来。她坐在白居易面前，撩动琴弦，浅吟低唱起来。他们四目相对，传递着爱的火花。“符离五子”哪能看不出白居易的失态，想到他与湘灵本是青梅竹马，便都告辞而去，只留他与湘灵独处。

湘灵一曲唱罢，白居易依旧痴痴地望着她。湘灵见白居易对自已如此痴迷，又羞又喜。

她放下琴弦，唤了一句："居易哥哥！"

白居易这才缓过神来，痴痴地说了一句："湘灵，你长得可真好看！"

见白居易如此，湘灵也禁不住笑起来。她本就对白居易芳心暗许，这时候也顾不得什么矜持了，半真半假地问道："湘灵长得这么好看，居易哥哥喜欢吗？"

白居易见湘灵含情脉脉地看着自己，只觉得心都浸到了蜜罐里。他马上拉起湘灵的手，信誓旦旦地说道："喜欢！喜欢！湘灵，我为了你，都已经茶饭不思、夜不能寐了！"

听到自己仰慕已久的居易哥哥早就对自己有意，湘灵自是欢喜非常。但是，想到自己的身份，湘灵又退缩了，她怕自己的身份配不上白居易。

见白居易拉着自己的手，湘灵便抽了回来。白居易哪里舍得放下手中的柔荑，马上又拉了起来，急切地说道："湘灵，我对你是真心的，咱们自小青梅竹马，难道你不信我吗？"

见白居易如此着急，湘灵便软下心来，她低低地说道："居易哥哥，你的情意，湘灵自是知道的。湘灵也是十分喜欢你的，只是湘灵出身寒微，怕是高攀不起你们官宦世家啊！"

听到湘灵说喜欢自己，白居易心都要欢喜地飞上天了，他已经完全忘记了母亲的敲打，只想和湘灵长相厮守。

他一把抱过湘灵，安慰道："湘灵，你信我！母亲虽然严厉，但是极为疼我。只要我们坚持，她一定会成全我们的！"

听白居易这样说，湘灵才放下心来。他们刚刚互通情意，正是最为情浓的时候，便一直在酒楼卿卿我我，一直到太阳西斜。

自此之后，白居易便经常借口去找“符离五子”探讨学问，与湘灵去约会。符离的每个山山水水都留下了他们相偎相依的身影。

对于儿子的行为，陈氏是一无所知的。她一直以为儿子是和“符离五子”探讨学问去了。

但是，天下没有不透风的墙。陈氏还是发现了白居易的秘密。

那天，“符离五子”来找白居易小聚，母亲陈氏惊讶极了。因为儿子今日早上还对自己说要去拜访“符离五子”的。陈氏恍然明白，是儿子欺骗了自己！她压着怒火，和颜悦色地送走了“符离五子”。之后，便派自己的婢女去找白居易。

很快，婢女便带回来了消息：“少爷正和湘灵姑娘在河边幽会……”

听到这个消息，陈氏只觉得天昏地暗。她引以为傲的儿子啊！她最偏疼的儿子啊！竟然为了一个歌女如此欺骗自己！她心里对湘灵的厌恶一下子达到了顶点！她绝不允许儿子为了这么个乡野女子而忤逆自己！

当天晚上，白居易惴惴不安地回到家中。他知道母亲已经知道了自己和湘灵幽会的事情，对自己的母亲是又敬又怕的。这时母亲已经在屋里等他了。他踌躇再三，还是走了进去。

“母亲……”白居易呐呐地说道。

陈氏重重吸了口气，说道：“你长大了，母亲管不了你了！我们白家世代书香门第，我是不会同意你跟湘灵的事情的！你若眼里还有我这个母亲，就马上断了跟湘灵在一起的念想！日后，母亲定会给你选一个门当户对的闺阁女子！”

听到母亲这样说，白居易难受非常，他想要反驳，但是看到母亲伤心的样子，想到母亲对自己的期望，白居易还是犹豫了。最后，他什么也没说，只是沉默地回到了自己房中。

不得不说，女人在面对爱情时，往往要比男人更加勇敢。湘灵回到家后，也被自己的父亲训斥一顿。她的父亲虽是乡下人，却也知道“门当户对”，他知道白家是容不下自己女儿的。

面对父亲的训斥，湘灵态度是坚决的，她对自己的父亲说道：“爹爹，湘灵已经与居易哥哥私定终身，此生绝不会另嫁他人的！居易哥哥答应过我，一定会以妻子之礼迎我进门的！”

湘灵的父亲知道，女儿执拗，若是她认准的事，即使多说也是无益。他内心何尝不期盼自己的女儿能嫁给自己喜欢的男子。只是，自古以来，婚姻大事，父母之命，媒妁之言。白家的当家主母自小就看不上湘灵，如何会同意这门婚事。

正当白居易和湘灵面对着来自家庭的考验时，一个不幸的消息传来了：白居易的父亲重病！

白居易一家收到消息后，马上举家赶往父亲任职的襄阳。离别之时，白居易多想与自己心爱的女子道别啊！只是，母亲在侧，他如何敢忤逆母亲的意思呢！他只能狠下心，再次与湘灵不辞而别！

离别，对于沉淀下来的稳定感情，是一种享受。因为短暂的分别会让彼此更加舒服地享受自己的空间。但，离别，对于正处在最浓烈时期的感情，却是一种煎熬，因为这样的分离，会让他们更加思念对方，让他们最终明白什么是相思之苦。

很显然白居易和湘灵就处在这种煎熬里。这次，与湘灵分别，白居易备受相思之苦，也更加看清楚了自己对湘灵的感情。他从来不知道，原来自己对湘灵的爱早已经深入了骨髓。

为你，情愿终身不娶

在去襄阳的路上，白居易除了担心父亲的病情外，最记挂的便是湘灵了。但是，母亲大人一直耳提面命，白居易怎敢表现出自己对湘灵的思念之情。

到达襄阳之后，看到父亲卧病在床，白居易那颗被相思折磨的心才稍微寂静了下来。但是每当夜深人静的时候，他的眼前却总是浮现出湘灵那美丽的倩影。

这一日，白居易又开始想念湘灵了。他对湘灵的思念，已经达到了一种相思成灾、昼夜难眠的地步。最后，他实在耐不住自己的思念，趁丫鬟不注意，挥笔写下了两首思念湘灵的诗：

昼卧

抱枕无言语，空房独悄然。
谁知尽日卧，非病亦非眠。

夜坐

庭前尽日立到夜，灯下有时坐彻明。
此情不语何人会，时复长吁一两声。

而此刻，正在符离苦苦等候情郎的湘灵何尝不是对白居易相思入骨。然而，符离距襄阳，路途迢迢，她一个寻常女子，又能有什么办法呢？每当她对白居易相思入骨的时候，他便拿出白居易写的那首《邻女》细细品读。

转眼，半年过去了。湘灵苦苦等待，怎耐却没有情郎的一点音信。正当她一筹莫展时，襄阳却传来了一个噩耗：白居易的父亲白季庚病逝了！

符离百姓听到这个消息，都伤心不已。要知道，白季庚对于他们这些徐州百姓而言，有着一种特殊的意义。他曾经是他们心中的大英雄，亦是他们对和平的寄托。即使是湘灵对白季庚也是从小便当成英雄崇拜的。

而如今，那个英雄一般的人物去世了，她和符离百姓尚且难过，更何况是自己的情郎呢。她期盼着自己的情郎能够早日回来，自己能够陪伴在侧，让自己的情郎忧愁稍减。

没多久，白居易一家再次搬回了符离，开始了长达三年的为父守孝生涯。这期间，白居易和湘灵的情感也达到了一个新的高潮，彼此都到了非他不可的地步。

白居易的母亲陈氏因为丈夫的去世，大病一场，对白居易的监督，也松懈了下来。再加上白家一下子陷入了经济困境，陈氏把大部分的心思都放在了操持家务上，理所当然地忽略白居易和湘灵这对小儿女的情感。

这对于这对小情侣来说，无异于绝处逢生。在白居易守孝的这段时期，湘灵给白居易带来了莫大的安慰。这个温柔美丽的女子总是能够在自己需要的时候，给予自己温暖。

无论是寒窗苦读时的红袖添香，还是意志消沉时的轻轻安慰，都让白居易的身心得到了极大的满足。他真希望能够一直这样与湘灵长相厮守。然而白家正处在衰落的时候，他怎能沉浸在小儿女的情怀里。

三年守孝期满之后，白居易开始为自己的未来谋划，决定去考科举。看到儿子这样有志气，陈氏自是非常开心，她一直知道儿子是优秀的，只希望儿子早日功成名就，为白家光耀门楣。

然而让陈氏没有想到的是，儿子竟然再次跟自己提到了湘灵。看着儿子跪在自己面前，历数那个女子的好处，陈氏就感觉自己的喉咙堵了一大块，上下不得，难受非常。

“……母亲，湘灵真的是一个好女子。儿子已经与她私定了终身！决定此生非卿不娶，她也非儿子不嫁，希望母亲成全！”

非卿不娶，非君不嫁！陈氏听到此处已经是急火攻心，她看着曾经乖巧的儿子，厉声说道：“你给我闭嘴！我白家怎会有你这样的子弟！竟然与一个歌女私定终身！真是不知羞耻！你读了这么多的圣贤书，都读到哪里去了？竟然还要我成全！我早就说过，我是决不同意自己的儿子娶一个歌女的！你死了这份心吧！”

若是以前，白居易即使心里难过，也定会听从母亲的话。可是这几年来，白家潦倒，自己和湘灵朝夕相处，早就离不开彼此，为了湘灵，也为了自己的幸福，他决定放手一搏。

看到气愤中的母亲，白居易狠狠心说道：“母亲，咱们家早已经穷困潦倒，哪里还有什么官宦世家的样子！更何况，湘灵虽然是一个歌女，但是温柔贤惠，以后定是一个好妻子的！母亲，儿子一向对您言听计从，只是此事儿子断不能辜负了湘灵，求母亲大人看在儿子往日孝敬的份上，成全我们吧！”

陈氏见儿子竟然为了那个歌女，顶撞自己，更是气愤，她大声说道：“你不用说了！此事断无可能！明日，你就离开符离，到你叔父那里去！以后，再也不要与那湘灵见面了！”

看到母亲如此决绝，竟要生生拆散自己和湘灵，白居易也狠了心，声泪俱下地说道："母亲，儿子已经下定决心，此生非湘灵不娶！若非湘灵，儿子此生绝不娶妻！"

听了儿子的话，陈氏顿时觉得天昏地暗，她稳住心神，依旧厉声说道："我宁愿我儿孤独终老，也绝不允许此歌女进我白家的大门！你就死了这份心吧！"

从母亲房里出来之后，白居易愁苦非常。他知道此后要见湘灵，恐怕是难上加难了。果然，这晚之后，母亲便对他越加严厉，只准他闭门读书，不准他再出去找湘灵约会。

此时的湘灵也早已得到消息，知道白母不许白居易娶自己。其实，她早就知道他们要在一起并不容易。她本来就是出身低微的乡野女子，如今为了生计到处卖唱，白母看不上她本在情理之中。

可是，她与白居易朝夕相处，知道白居易本是性情中人，一定不会辜负自己。更何况，自己又是情根深种，始终对他们的未来之事抱有幻想。不想，这幻想还是破灭了！

湘灵的父亲得到消息后，也是长吁短叹，谁人不想女儿嫁一个官宦门第，脱离漂泊的歌女生活。只是白母已经如此表态，他又怎么能让女儿这样蹉跎下去。

当晚，他便决定要带女儿离开符离，四海为家，从此断了女儿的念想。然而，在知道白母的态度后，湘灵虽然心灰意冷，但从未想过要弃自己的居易哥哥而去。

见父亲要带自己离开符离，她马上哭着说道："我不走！爹爹，我不能走！我还没见上居易哥哥一面。他为了我顶撞了他母亲，我们说好要坚持的，我怎能先弃他而去！"

“傻孩子，你可知咱们的身份？别说是做妻，就是为奴为婢，白家也不会瞧上咱们的！咱们虽然出身低微，也是要脸面的！你一个姑娘家，怎能如此轻浮！他既然瞧不上咱们，咱们走就是了！何必留在这里自取其辱！”湘灵的父亲见女儿如此不争气，大声训斥道。

听了父亲的话，湘灵百感交集。她自幼丧母，父亲对她如珠如宝，何曾如此疾言厉色过。但是，想到要与自己的居易哥哥分别，湘灵如何也狠不下心来。白居易是她整个少女时期的梦想，是她惨淡的人生中最后的一抹光亮。此生，若是失去了他，她的人生就彻底地成为行尸走肉，没有了一点滋味。若果真如此，她宁愿出家为尼，永不出嫁。

想到此处，湘灵对自己的父亲说道：“爹爹，居易哥哥也绝对不会抛弃湘灵的！如果有一日，湘灵真的是真心错付，情愿出家为尼，青灯古佛，了此残生！”

有些话，不能说，一说便会一语成谶！多年后，白居易终究负了湘灵，而湘灵也真的出家为尼。

在湘灵的强势下，父亲动摇了。他知道，自己命不久矣，如若能把湘灵托付给白居易，对他而言，便是最大的欣慰。

而被勒令闭门读书的白居易终于忍不住相思之苦，在弟弟白行简的帮助下，逃出去与湘灵私会。

二人见面，泣涕涟涟。湘灵知道，白居易马上就要去江南，想到以后，见一面都难，便拿出自己的一面镜子送给了白居易。

她对白居易说道：“居易哥哥，此次一见，不知何年何月才能再见，小妹送你此镜，你若想我了，就看看这面镜子……”

“湘灵，你放心。如若我此次一举中第。我必回来迎你为妻，此后我们日日相守！”白居易拿着铜镜，信誓旦旦地说道。

看到白居易对自己如此情深，湘灵破涕为笑，依旧像小时候一样打趣道：“好，那我就等着将来的大进士，回来娶我为妻！只怕你母亲瞧不上我罢了！”

说到此处，湘灵明媚的小脸马上暗淡了下来。看自己心爱的女子如此伤心。白居易马上劝道：“湘灵，你信我！只要我们心心相印，我母亲一定会成全我们的！母亲只是怕我为你耽误了前程，等我这次一举中第后，便会再跟母亲提起此事。母亲见我事业有成，一定会妥协的！我们一定要坚持下去！”

听到白居易想的这样周到，湘灵心里更是甜蜜，她看着白居易，含情脉脉地说道：“居易哥哥，我此生已经非你不嫁！若有一天，你不要湘灵了，湘灵便出家为尼，青灯古佛，了此残生……”

“湘灵，不要说这样的话！居易哥哥此生也非你不娶。如果母亲实在不答应的话，我就终身不娶！我绝对不会辜负你的！”白居易马上说道。

情在浓时，总是能够为了爱情，可以承诺所有。但是，这个世界上，最值不得推敲的便是承诺。因为承诺，便意味着此时不能实现，而此时不能实现的，随着时间的流逝，多了更多的变数，又有几人有如此定力回来兑现呢？大多的承诺，不过是一时的心血来潮，最终湮没人海。

与母亲的最后抗争

与湘灵见过一面后，白居易很快起身去了江南。而湘灵则依旧在家苦苦等待，等待她的居易哥哥回来，娶她为妻。她这一生，几乎所有的时间，都用来等，最后，等来的却不是归人，而是诀别。

在去江南的路上，白居易对湘灵的思念达到了一个前所未有的程度。他写下了大量的诗词，来表达对湘灵的相思之苦，其中一首便是《寄湘灵》：

泪眼凌寒冻不流，每经高处即回头。
遥知别后西楼上，应凭栏干独自愁。

到了叔父白季康的所属地宣州，白居易马上获得了去长安考进士的资格。在得知自己一举中第后，白居易开心极了，他急切地想把自己的喜悦分享给湘灵。可是，湘灵远在符离，又如何能与她分享。

想到湘灵还在苦苦等待，白居易便写了一首诗，寄给湘灵，这首诗便是《长相思》：

九月西风兴，月冷露华凝。
思君秋夜长，一夜魂九升。
二月东风来，草拆花心开。
思君春日迟，一日肠九回。
妾住洛桥北，君住洛桥南。
十五即相识，今年二十三。
有如女萝草，生在松之侧。
蔓短枝苦高，萦回上不得。
人言人有愿，愿至天必成。
愿作远方兽，步步比肩行。
愿作深山木，枝枝连理生。

远在符离、饱受相思之苦的湘灵收到白居易的书信，欣喜若狂，她喃喃地念着“愿作深山木，枝枝连理生”只觉得前所未有的踏实与满足。

白居易中第的消息，早就传回了符离，但是白家却举家去了洛阳，白居易也没有回来，湘灵的心里一直七上八下。收到白居易的书信，看到白居易依旧如离去时那样坚定，湘灵一颗心总算落了地。她开始对未来充满了憧憬，她想，她的居易哥哥很快就会回来，迎她为妻。

两年之后，白居易再次中第，名扬天下。此次中第后，白居易春风得意，想到曾经答应湘灵的事情，马上去找自己的母亲。他想自己一举高中，母亲正是开心的时候，此次一定会应允自己。

走到母亲屋里，白居易看到母亲果然很高兴。白居易刚迎上去，陈氏便开心地说道：“居易啊！母亲就知道你一定会高中！快来陪母亲说说话。”

“是母亲教育的好，居易能一举高中，多亏了母亲的循循善诱！母亲这几年辛苦了。”白居易见母亲开心，自己的心情也飞扬起来，开心地说道。

听到儿子这样说，陈氏心里像灌了蜜一样，这个儿子生而不凡，是她最寄予厚望的孩子，如今果然一举中第，为白家光耀了门楣。只是，儿子如今已经二十九岁了，却还没有娶妻生子，这一直是陈氏的一大心病。

看到儿子如今事业有成，陈氏的心气也更高了。她一定要给儿子说一门门当户对的亲事，让儿子的仕途更加通畅！谁知，白居易接下来的一番话，直接把陈氏气晕了过去。

看到母亲高兴，白居易马上趁机说道："母亲，儿子此次高中，已经心满意足。只是儿子还有一个心愿希望母亲成全！"

"你说，只要你提出来，母亲定会满足你！"看到白居易依旧像小时候一样跟自己撒娇，陈氏说道。

"母亲，我想娶湘灵为妻！我离开符离之时，已经答应了湘灵，一旦高中，便回来娶她为妻！请母亲成全我们吧！"白居易兴奋地说道。

陈氏听到儿子又提到湘灵，还要娶她为妻，顿时火冒三丈。这么多年，湘灵一直是她与儿子之间的禁区。这些年来，为了这么个乡野女子，儿子多次顶撞自己。自己托人为儿子相看的姑娘，儿子没有一个乐意的。

她知道，儿子这是在无声地反抗自己。儿子的意思很明显了，如果自己不答应他与湘灵的婚事，他就终身不娶。

更何况，儿子现在事业有成，前途无量。他所娶之人定是能在仕途上帮助他的官宦小姐，她怎么能容忍儿子娶那样一个女子当白家的主母。白家落魄时，她尚且看不上那女子，如今，白家眼看就要发达了，就更不可能了！

看来，过去自己太纵容儿子了，才让儿子一直有了这样的幻想。这次，她绝不能让儿子对湘灵再抱有丝毫的幻想。想到此处，陈氏马上板起脸来，训斥道："我儿，怎么还惦记着那个乡野女子！这件事情，母亲已经说过多次，是断断不可能的！你休要再提起此事，否则，母亲绝不饶你！"

见母亲提到湘灵的事竟然马上就变了脸，白居易心里变得难受极了。他何尝不知道母亲的决绝，只是此次若再不成，恐怕他与湘灵就再无缘分了。这是他与母亲最后的抗争了！

想到此处，他再也顾不上母亲的生气，大声说道："母亲，居易这一生只喜欢湘灵，若不能结成连理，儿子此生恐怕再难有欢愉！何况，我与湘灵已经私定终身！儿子已经非她不娶！如果母亲执意拆散我们，就把儿子逐出家门吧！"

陈氏本以为儿子这次依旧会屈服，却没想到他是铁了心要娶那个乡野女子进门。又听儿子说，要让自己把他逐出家门，陈氏急火攻心，指着儿子，大呼道："你！你！你这个不孝子！不孝子！"

陈氏这几年本就身体不好，儿子高中，她本大喜，提到湘灵之事，她又大怒，如此折腾，身体早已经受不住！又看到儿子，一脸坚决，绝不屈服的样子，陈氏顿时觉得浑身无力，晕了过去。

白居易虽然说得坚决，本只是逼母亲成全自己。没想到，母亲竟然晕了过去。他本是极孝顺的孩子，看到母亲如此，大吃一惊，马上把母亲扶到了床上。

陈氏一直昏迷到晚上才醒，白居易一直跪在床前。陈氏醒后，看到跪在床前的儿子，又气又怒，颤巍巍地说道："你真的要把母亲气死吗？"

看到儿子一言不发地跪在那里，就像是无声的抗拒。想到儿子竟然为了女子，不顾白家的前途，不顾自己的身体，陈氏心如死灰，狠声说道："我宁死也不会让你娶那个女子的！你要是想娶她就杀了自己的母亲吧！"

说完，陈氏闭上眼睛，不肯再说一句话，一副一心等死的样子。

看到母亲竟然宁死也不肯让湘灵进门，白居易绝望极了。想到母亲已经一日未进汤米，白居易顿时心如刀割。他怎么可能杀了自已的母亲，除了妥协，他哪里还有别的办法。

在母亲的以死相逼下，白居易再次妥协了。他痛苦非常，失魂落魄地回到房中，写下了一首《生离别》：

食蘖不易食梅难，蘖能苦兮梅能酸。
未如生别之为难，苦在心兮酸在肝。
晨鸡再鸣残月没，征马连嘶行人出。
回看骨肉哭一声，梅酸蘖苦甘如蜜。
黄河水白黄云秋，行人河边相对愁。
天寒野旷何处宿，棠梨叶战风飕飕。
生离别，生离别，忧从中来无断绝。
忧极心劳血气衰，未年三十生白发。

自此之后，白居易再也不敢在母亲面前，提起他与湘灵的事情。而陈氏为了完全断了白居易的念想，更加紧锣密鼓地为白居易张罗亲事。然而，白居易依旧没有一个看上的。

陈氏知道，儿子这是心里还过不去那道槛。她也不急，儿子正在科考的时候，少点男女之事也好。

而一直在符离苦苦等候的湘灵，还不知白居易这里发生的变故。她的父亲已经时日无多，她多么希望白居易能够陪在自己身边，然而，白居易却一直未有只言片语寄回。

第二年，白居易经过朝廷的吏部考试，被授为校书郎。同年，湘灵的父亲去世，湘灵彻底地成为孤女。父亲临死之前，希望湘灵放弃白居易，早点嫁人。然而，湘灵却死守着与白居易的承诺，一直未曾答应父亲，导致老父含恨而终。

白居易知道湘灵家里的变故，恨不得马上赶到湘灵身边，然而想起母亲的以死相逼，白居易便犹豫了。为了自己的母亲，他只能委屈湘灵了。他写了一首《潜离别》来表达自己境况和对湘灵的忠贞：

不得哭，潜别离。
不得语，暗相思。
两心之外无人知。
深笼夜锁独栖鸟，
利剑春断连理枝。
河水虽浊有清日，
乌头虽黑有白时。
惟有潜离与暗别，
彼此甘心无后期。

收到白居易的信后，湘灵肝肠寸断，但是想到白居易对自己的情分，她又觉得他们终究会有柳暗花明的一天。她想，只要白居易尚未娶妻，自己就会有希望。

湘灵与白居易都恪守着对彼此的承诺，各自在远方思念着彼此。陈氏也没停歇，在儿子被授予校书郎的三年间，陈氏为儿子说了很多门当户对的亲事，只是儿子一个也不乐意。陈氏虽然心里着急，但是想到湘灵的狐媚，如何也不愿意让儿子娶一个那样的女子。她与儿子就这样在婚事上，彼此僵持着。

白居易一心只想娶湘灵，母亲不同意，他只好把全部的心思都放在了读书上。校书郎任职期满后，白居易又开始潜心读书，准备更高的科举考试。每当夜深人静，他思念湘灵时，便拿着湘灵送给自己的盘龙镜细细摩挲。

湘灵在父亲去世后，彻底过上了四处漂泊的日子。虽然有良人求娶，但是湘灵都拒绝了。她一直痴痴地等待着白居易来兑现自己的承诺，娶自己为妻。

白居易三十五岁时，再一次高中，他被授予了周至县尉。此时的湘灵也已经三十一岁了，昔日的姣好容颜，已经染满风霜，曾经少女的情怀，也慢慢地被时间抹去了色彩。对于白居易的承诺，湘灵已经不抱太大希望了，然而，白居易为了自己一直未娶，湘灵也守候多年，始终是不甘心。

一年后，白居易再次高升。湘灵也已经是三十二岁的老妇。她为了信守与白居易的承诺，一直未嫁。她以为，白居易也会同自己一样，一直信守承诺，直至陈氏屈服。

可是，陈氏是那样决绝的一个女子，她宁愿儿子这么多年都孑然一身，又如何会轻易屈服呢？

美人，迎娶京兆尹之妹

那日，白居易从妓院带回了樊素和小蛮。白母与儿子因为婚姻大事，进行了最后的交锋。结果可想而知：在白母的苦苦相逼之下，白居易终于屈服了。

他已经三十六岁了，至今没有一儿半女。母亲也渐渐老去，最后的愿望不过是看到自己成家立业。他怎能让养育自己多年的母亲含恨而终呢？

但是，他与湘灵心心相印。湘灵为了等他至今未嫁，他自己却违背了当初的诺言，让他以后有何颜面再去面对湘灵呢？他在酒馆喝得酩酊大醉，遇到了杨虞卿。

杨虞卿，当时的京兆尹，他是白居易的知交好友。杨虞卿当晚把白居易带回了家中，也洞悉了白居易的恋情。那时候，封建门第观念十分严重，杨虞卿对于白居易和湘灵的感情也仅仅是同情，因为他的观念与白母是一样的，白居易的事业如日中天，如何能娶一个歌女作为白家的当家主母。

他不禁想起了自己尚待字闺中的妹妹。妹妹对白居易早就仰慕已久，如果能够能玉成此事，不也是一段佳话。

等白居易醒后，杨虞卿与他畅所欲言，说到感情之事，白居易也毫不隐瞒。见白居易这样坦诚，杨虞卿也坦言道："竟然白兄已经决定放弃湘灵姑娘，我不妨给白兄做个媒？"

"我对感情之事，已经没了太多的想法。杨兄要是有合适的人选，我自然不会推辞！"白居易早已经对感情之事心灰意冷，只想赶紧娶个门当户对的女子，满足母亲的愿望。

"不瞒白兄，我有一从妹，已仰慕白兄许久，白兄若是有意，我们便结为亲家如何？"杨虞卿毫不忌讳地说道。

白居易本以为杨虞卿只是安慰自己，没想到他竟然肯把自己的妹妹嫁给自己。他有些犹豫，但是想到早晚都要娶一个女子，无论是谁，都没什么分别。更何况，还是好友的妹妹。再说，杨家这样的家世，母亲也会非常满意的。

想到此处，白居易马上站起来说道："杨兄肯把妹妹嫁给在下，在下自当感激不尽！"

"好！好！好！那今日我们就说定了！我们今天一定要不醉不归

啊！”杨虞卿大笑着说道。

酒过三巡，杨虞卿便让小人叫来了自己的小妹为白居易斟酒。这是白居易与妻子的第一次见面。

白居易只见一穿着考究的官家小姐从屋里走了出来。与湘灵的灵气不同，杨氏身上有一种大家闺秀的庄严感。因为保养得当，杨氏皮肤细腻，肤若凝脂，眉目清秀，有一股说不出的韵味。

见白居易直勾勾地看着自己，杨氏羞红了脸。下人早就告诉她，这就是闻名京师的大诗人白居易。她偷偷打量白居易，见他虽然年纪比自己大，却风度翩翩，温文尔雅，不禁心花怒放。

她纤纤作细步地走到白居易身边，为白居易斟酒。白居易见自己的妻子是这样一个妙人，空白的心，总算有了一些填补。

这一日，宾主尽欢。杨虞卿为自己的妹妹能嫁白居易兴奋不已。白居易也因为杨氏的温柔，有了别样的情怀。

白居易回到家中，便把此事说给了自己的母亲。陈氏听说，京兆尹要把自己的妹妹嫁给自己的儿子，欢喜非常，马上开始张罗，准备三媒六聘，给自己的儿子成婚。

看到母亲欢喜的样子，白居易也感到一些安慰。他独自走回自己的房间，想起自己对湘灵的辜负，内心终究是百转千回。最后他拿起湘灵送给自己的盘龙镜，一直坐到了天黑。其间，母亲找他商量亲事，他也不肯开门。第二天，他把盘龙镜收了起来，决定不再纠结于和湘灵的感情。

第二年，白居易时年三十七。母亲陈氏已经做好了一切迎亲的准备。为了让湘灵断了与儿子在一起的念想，陈氏特意让人把白居易要迎娶京兆尹之妹的消息，传回了符离。

她要让湘灵死心，就要让对方知道怎样的女子才能跟儿子比肩。她也要让其知道，这场战争以她的大获全胜而告终。儿子必将有无可限量的前途，而湘灵，哪怕为奴为婢，亦不能踏进白家的大门！

白居易已经好几年没有音信了。湘灵一直苦苦守候。她始终坚信她的居易哥哥绝不会辜负自己！然而，噩耗还是传来了：白居易要与京兆尹的妹妹成亲了！

湘灵闻此噩耗，悲愤交加，她恨白居易的不守承诺，也恨自己的痴心守候。但是，想到白居易母亲的决绝，想到自己身份的低微，这样的结局何尝不在自己的意料之中。只怪自己被爱情蒙蔽了双眼，一片痴心错付。

二十六年，自白居易与湘灵相识，整整二十六个年头。从他们懵懂无知的爱情到如今的诀别，他们已经为彼此恪守了二十六年。在这漫长的二十六年间，他们聚少离多，却依旧彼此坚守。直到白居易三十七岁时，他与湘灵的这段恋情才算告一段落。

白居易成亲那日，湘灵也布置了新房。那晚，她独坐床头，想到她的居易哥哥终究是娶了别的女子，负了自己，负了自己啊！那晚，她红帐孤灯，一直坐到天明。

第二日，湘灵只身离开了符离。此后多年，白居易再也没有过湘灵的音信。

白居易在新婚之夜，看到自己的妻子花容月貌，只觉得春宵苦短。自从结婚之后，彻底断了与湘灵在一起的念想，他与妻子新婚燕尔，甜蜜非常。

不得不说，在感情中，要数痴情，女子总是胜过男子。湘灵为了白居易蹉跎半生，最后远走他乡。白居易与新婚妻子结婚后，却是你侬我侬，羡煞旁人。

白居易的妻子杨氏虽然出自名门，但是也恪守着无才便是德的古训，因此大字不识。可是，因为哥哥们都能诗擅文，杨氏对会诗文的人便十分敬仰。如今，哥哥为自己说了这样的一门亲事，杨氏感觉满意非常。见人都说，自己的丈夫才华横溢，杨氏一直想要丈夫为自己也写下点诗文。

只是此时，白居易对这门亲事却有了新的看法。杨氏乃名门之女，从小锦衣玉食，性格也很是娇柔懒惰，而白居易从小吃惯了苦楚，对吃喝却不太讲究。因此时间一长，白居易难免对杨氏的奢侈和懒惰有所微言。

但是新婚燕尔，白居易虽知道杨氏的缺点，也不好点破。直到有一日，白居易与妻子耳鬓厮磨时，妻子便含羞带怯地说道："夫君，妾一直听闻你的诗名，几位哥哥也是常常夸赞。只是，妾一直未曾亲眼所见，夫君能否也为妾作诗一首呢？"

听了妻子的话，白居易觉得自己与妻子已经结为连理，本该为妻子作诗一首。想到夫妻本该相互帮助，同甘共苦，白居易便想表达一下自己对夫妻的理解，以及自己对妻子的看法！

于是，他马上说道："你我夫妻同体，本该如同枝连理。一首诗算什么，为夫现在就给你写一首！只盼咱们能够同甘共苦，做一对交颈鸳鸯！"

白居易说完，便自己铺开笔墨纸砚，为自己的新夫人作了一首《赠内》：

生为同室亲，死为同穴尘。

他人尚相勉，而况我与君。

黔娄固穷士，妻贤忘其贫。

冀缺一农夫，妻敬俨如宾。

陶潜不营生，翟氏自爨薪。

梁鸿不肯仕，孟光甘布裙。

君虽不读书，此事耳亦闻。

至此千载后，传是何如人。

人生未死间，不能忘其身。

所须者衣食，不过饱与温。

蔬食足充饥，何必膏粱珍。

缯絮足御寒，何必锦绣文。

君家有贻训，清白遗子孙。

我亦贞苦士，与君新结婚。

庶保贫与素，偕老同欣欣。

看到丈夫为自己作诗，杨氏本来非常开心。但是看了丈夫写的诗，她就有点不高兴了。这哪里是什么情诗，分明是对自己的不满啊！看看他写给旧情人的诗缠绵悱恻的，到了自己这里，怎么就变成了劝谏了呢！

这次作诗事件之后，夫妻不欢而散。杨氏依旧我行我素，白居易看到妻子不仅不知悔改，还更加厉害了，也非常不满。就这样，二人开始了长久的冷战。夫妻二人，完全失去了结婚时的你侬我侬。

白居易因为婚姻的不顺，也更加思念湘灵。有一日，他与妻子杨氏又发生了口角，不禁想起了湘灵的温柔贤惠。他翻箱倒柜，找出湘灵给自己的盘龙镜，百感交集，写下了一首《感镜》：

美人与我别，留镜在匣中。

自从花颜去，秋水无芙蓉。

经年不开匣，红埃覆青铜。

今朝一拂拭，自照憔悴容。

照罢重惆怅，背有双盘龙。

自此之后，白居易对湘灵的思念与日俱增。只是，他也知二人再无可能，怎奈自己根本控制不住自己的心。

与儿子的惆怅不同的是，陈氏自从儿子娶妻之后，心情好得达到了一个高峰，她对自己的这个媳妇也是相当满意，官宦家的子女就是官宦家的子女，你看，杨氏身上哪有一点狐媚之气，端庄秀丽，这才是儿子的良配啊！

自从儿子娶妻之后，也不见杨氏日日狐媚儿子，自己的儿子也更加上进，这才是贤妻的典范啊！况且，儿子娶了这样一个显赫的好媳妇，晋升恐怕只是时间问题。

更让她喜悦的是，她的小儿子白行简也考中了今年的进士，来到了长安。一家团聚，儿子们都前途有望，陈氏终于觉得自己这一生的愿望都圆满了。

与白家的喜气洋洋不同，到处漂泊的湘灵却尝尽了人间的苦楚。她离开符离后，本想到长安质问白居易，可是想到自己身份的低微，再见一面也不过是自取其辱。她决定，四海漂泊，让时间来放空自己的这段情感。

第四卷

文人本色，满腹豪情

他曾经仕途通畅，被皇帝赏识；他曾经心怀天下，想要救民于水火；他曾经一身傲骨，不事权贵。他本想达则兼济天下，却不想大唐早已经不是他心中的大唐。

受重用，宦海沉浮

与陈氏所料不差的是白居易新婚没多久，就再次被晋升了。这次，白居易被皇帝直接任命为左拾遗。

左拾遗其实并不是什么特别高的职位，因为它只有八品。它主要负责供奉和进谏等事务，但遇到朝廷大事，左拾遗可以直抒己见，参政议政，还可以直接向皇帝进谏，分析利弊。

被皇帝授予左拾遗之后，白居易的内心是十分激动的，因为这是他第一次直接接触到中央政权的权力中心。他满腔热血，想要施展自己的一腔抱负。

不得不说，白居易此时是幸运的。因为他遇到了相对开明的君主唐宪宗。

唐宪宗公元 805 年即位，之前便早就听闻过白居易的诗名。因此他继位第三年，便把白居易调回了京城。公元 808 年 4 月，白居易被提升为左拾遗时，正是唐宪宗最为励精图治的时候。

为了表达自己对唐宪宗的知遇之恩，白居易在被授官的第十日，还给唐宪宗写了一封感谢信：

臣所以授官以来，仅经十日，食不知味，寝不遑安，唯思粉身以答殊宠，但未获粉身之所耳。今陛下肇临皇极，初受鸿名，夙夜忧勤，以求致理。每施一政，举一事，无不合于道、便于时者。万一事有不便于时者，陛下岂不欲闻之乎？万一政有不合于道者，陛下岂不欲知之乎？倘陛下言动之际，诏令之间，小有阙遗，稍关损益，臣必密陈所见，潜献所闻，但在圣心裁断而已。臣又职在禁中，不同外司，欲竭愚诚，合先陈露。伏希天鉴，深察赤诚……

唐宪宗看到白居易的忠诚，对他更加赏识，白居易也更加尽心尽力地上书针砭时弊，向皇帝发表已见。

该年，唐宪宗举行科考，准备借此选拔人才，为己所用。在此次科举考试中，翰林学士牛僧孺、皇甫湜等在对策中主张休养生息，反对肆意用兵藩镇，言词激切。当时的考官杨于陵、韦贯之非常认同几人的观点将他们招为上第录取。

裴垍对此次选拔没有其他异议，而极力主张用兵藩镇的李吉甫却对几人非常不满。由于皇甫湜正好是考官王涯的外甥。李吉甫马上抓住了这个小辫子不放，在唐宪宗面前，极尽谗言。

“陛下，此时考试太不公平了！您可知道，那皇甫湜正是王涯的亲外甥！他们觉得您不知道，竟然任人唯亲，徇私舞弊，为自已家的亲戚广开门路，这样一来，朝廷官员以后都会官官相护，哪里还有什么清明可言！”李吉甫对着唐宪宗义愤填膺地说道。

“岂有此理！朕如此看重他们，把选举人才的大事都交给他们，他们竟然如此欺君罔上！岂有此理！岂有此理！”唐宪宗大怒地说道。

“陛下，王涯徇私舞弊包庇其外甥皇甫湜，杨于陵、韦贯之、裴垍却都知而不报，此举乃徇私舞弊，不可不罚啊！”李吉甫见皇帝大怒，马上火上浇油道。

“哼！朕一定要严肃处理，看谁还敢在朕的眼皮子底下徇私舞弊！”唐宪宗也狠声说道。

在李吉甫的挑唆下，唐宪宗不久便罢黜了裴垍、王涯的翰林学士，降王涯为都官员外郎，裴垍为户部侍郎，韦贯之则被贬为果州刺史。数日之后，韦贯之再被贬为巴州刺史，王涯被贬为虢州司马，杨于陵也被贬为乐岭南节度使。一举高中的牛僧孺等人则久久不得升迁，只能从辟于藩镇幕府。

白居易知道此事后，对李吉甫的猖狂十分不满，便写了一篇《论制科人状》，力谏牛僧孺等人不当贬黜：

> ……臣伏以裴垍、王涯、卢坦、韦贯之等皆公忠正直，内外咸知，所宜授以要权，致之近地。故此来情私相谓曰：此数人者，皆人之望也。若数人进，则必君子道长；若数人退，则必小人之道行。故卜时事之否臧，在数人之进退也！……乞俯回圣览，特示宽恩，僧儒等准往例与宫，裴垍等依旧职奖用，使内外人意欢然再安。若以臣此言理非允当，以臣覆责，事涉乖宜，则臣等见在四人，亦宜各加黜责，岂可六人同事，唯罪两人？虽圣造优容，且过朝夕。在臣惕惧，岂可苟安。敢不自陈，以待罪戾……

白居易本是一片赤诚之心，怎奈唐宪宗的主意已定。这封《论制科人状》不仅没有取得大的效用，还得罪了李吉甫。自此之后，李吉甫便对白居易怀恨在心，一直想方设法地要唐宪宗罢免了白居易。唐宪宗也因为白居易的直谏而对他心生不满，始终对白居易不冷不热，没有了当初的热情。

白居易直到此时，才开始渐渐体会，君心难测。他以为自己的仕途就要如此中断了，然而新的契机竟然降临了！由于该科考事件后，李吉甫得罪了大量进士，众人纷纷效仿白居易为牛僧孺等人鸣冤。在强大的舆论压力下，唐宪宗只好把李吉甫贬官，决定重新任命宰相。

看到李吉甫被辞去了宰相一职，那些觊觎宰相宝座的人便开始大肆活跃起来。该年九月，淮南节度使王锷进京，此人十分精于理财，颇有一些财产。他刚到京城，便到处结交达官贵人，还送了巨款给唐宪宗倚仗的宦官，想要获得宰相一职。对唐宪宗，他更是百般奉承，奉上了大量的奇珍异宝。唐宪宗笑纳了王锷的好处，就想把宰相一职，授予王锷。

白居易听到风声后，马上写了一篇《论王锷欲除官事宜状》直谏唐宪宗：

> ……王锷在镇日，不恤凋残、惟务差税，淮南百姓，日夜无缪，五年诛求，百计侵削，钱物既足，部领入朝……

宪宗看到此状后，觉得白居易说得有道理，便马上打消了任命王锷为宰相的想法。

这年十二月，朝廷发生了新的变动，正直开明的裴垍被任命为宰相。裴垍被任命为宰相后，朝廷的局面开始重新洗牌。公元 809

年，裴垍启用了白居易的好友元稹，元稹自从被贬到洛阳后，母亲就去世了，元稹为此伤心不已。白居易知道好友丧母，非常难过，便着手为元稹的母亲撰写《墓志铭》，以表达对好友的安慰。

如今，元稹的守孝期满，同时又被裴垍重用，白居易自是为好友感到开心。元稹到京之后，二人畅所欲言，准备大干一场。

元稹在这期间办了一件大事，就是查处了剑南东川节度的一系列贪污案。为了查处此案，元稹甚至冒着生命危险，深入虎穴，最终取得了重大的收获。他回朝奏明此案后，龙颜大怒，皇帝马上派人接手了此事，造福了一方百姓。

元稹在办了如此大快人心的事之后，本以为会获得皇帝的赏识。没想到，元稹不仅没有被升迁，还被发配到东台。看到好友不升反降，白居易明白这是元稹得罪了朝中权贵，遭到了报复。

临行偏逢露屋雨，七月，元稹的妻子韦丛去世了。元稹与妻子韦丛夫妻情深，身心受到了极大的打击。自此，他整天以酒消愁，喝醉了便到处寻找自己的妻子，正应了他的那句："怪来醒后旁人泣，醉里时时错问君。"

为了纪念自己的妻子，元稹写下了大量想念妻子的句子，其中最著名的一首，便是《离思五首》：

曾经沧海难为水，
除却巫山不是云。
取次花丛懒回顾，
半缘修道半缘君。

对于元稹的遭遇，白居易感同身受，元稹被贬后，白居易曾去相送，在送别的路上，元稹对白居易感慨道：“白兄，你我本都对朝廷抱有一腔热情，可是如今官宦当道，恐怕咱们的仕途都会十分不顺啊！”

“元兄，不要因此气馁。你这次虽然未被重用，却造福了一方百姓。你我在朝为官，本就是为了造福百姓，只要能够不愧对这个初衷，升升降降，又何必太在意呢！”白居易劝道。

听了白居易的话，元稹的心稍见晴朗，便说道：“白兄，好胸怀啊！小弟自愧不如！只是小弟此去，不知何时才能回京与白兄再痛饮三杯啊！”

“元兄，此时朝局不稳，朝廷正是用人之际，我想不久朝廷就会调元兄回京！”白居易说道。

“那我就承兄吉言！白兄，千里送行，终有一别，我们就此别过吧！”元稹感伤地说道。

想到元稹的遭遇，白居易难受非常，离别在即，白居易只觉得千言万语，却无从说起。沉默许久，白居易说道：“元兄，一路保重！我在京师等你回来，开怀畅饮！”

元稹挥手告别，离京而去。白居易望着好友的马车渐渐远去，顿时千愁万绪。他不知道，自己以后会不会像好友一样被贬谪，也不知道朝廷是否能够变得清明。可是，只要为官一日，便一定要为百姓做主，为百姓谋福利，这样才不违背自己做官的初衷。

作诗，关心民间疾苦

在白居易担任左拾遗的这段时间，他深刻地体会到了什么是圣心难测，官宦沉浮。但是，他做官的初衷本就是为国为民，因此对于官场那些阿谀奉承始终不曾放在心上。

公元809年，是一个很大的灾年。这一年天气干旱，雨水极少，整个大唐灾情深重，甚至达到了千里赤地、饿殍载途的地步。面对此情此景，唐宪宗下了一道“罪已诏”，检讨自己，同时安抚民心。

唐宪宗此举让白居易大受感动。为了让皇上的“罪已诏”能发挥更大的效用，白居易上书奏道：陛下空言“罪已”是远远不能解决实际问题。他认为要想真正的救民于水火，最重要的就是能够减轻缴纳，免除租税，尤其此时正遇上了荒年，百姓颗粒无收，更没有多余的钱粮交租纳税，如果朝廷再征收赋税，恐怕会把百姓逼上死路，造成人民更大的恐慌。因此，他恳请皇上能对受灾地区的百姓给予恩惠，按照灾情的轻重缓急，对百姓减免一些赋税，让百姓尽快地脱离苦海。

唐宪宗反复研读了白居易的上书，为了防止因为朝廷的逼迫，出现灾民造反的现象，也为了更好地笼络人心，唐宪宗最后决定采纳白居易的建议。

唐宪宗此举，对处于水深火热之中的灾民，无疑是最大的福音。百姓纷纷三跪九叩，感谢皇恩，都赞扬唐宪宗是最大的明君。唐宪宗听说百姓们对自己感恩戴德，自尊心也得到了极大的满足。

想起正是白居易的上书才让自己这样受百姓爱戴，唐宪宗对白居易也更加看重了。白居易的建议是完全符合统治者的长远利益的，因为百姓本来就已经因多年的战乱而饱受苦楚，如今又遇天灾，便会更苦不堪言。如果朝廷不能及时安抚，而是反复地催赋逼税，那些走投无路的百姓，很可能被逼得铤而走险，揭竿而起！大唐自安史之乱后，早已经不堪重负，再遭一击，恐怕，很快就会大厦倾斜，轰然而倒。

这次之后，白居易又一次受到了重用。白居易本就对唐宪宗忠心耿耿，看到唐宪宗如此看重自己，而且采纳了自己的意见，更是激起了自己报效朝廷的一腔热血。他想：为了报答唐宪宗的知遇之恩，自己一定要更多地直言劝谏。

很快，白居易就发现大唐的另一个大弊端——嫔妃制度。不得不说，嫔妃制度无疑是封建社会的一大毒瘤。在古代，封建帝王为了满足自己的淫欲，到处强选民女，最后幽闭深宫，这也就是所谓的后宫佳丽三千，三千仅仅是一个概数，很多皇帝后宫的人数都到了数以万计的地步。

嫔妃制度严重地剥夺了那些妙龄少女的青春和幸福，她们当中，得到皇帝宠幸的只是少数，有些妃嫔终此一生也见不到皇帝一面，直到最后老死宫中。

为了铲除这个封建制度的大毒瘤。白居易有感而发，写下了一首《上阳白发人》：

上阳人，上阳人，红颜暗老白发新。
绿衣监使守宫门，一闭上阳多少春。
玄宗末岁初选入，入时十六今六十。
同时采择百余人，零落年深残此身。
忆昔吞悲别亲族，扶入车中不教哭。
皆云入内便承恩，脸似芙蓉胸似玉。
未容君王得见面，已被杨妃遥侧目。
妒令潜配上阳宫，一生遂向空房宿。

宿空房，秋夜长，夜长无寐天不明。

耿耿残灯背壁影，萧萧暗雨打窗声。

春日迟，日迟独坐天难暮。

宫莺百啭愁厌闻，梁燕双栖老休妒。

莺归燕去长悄然，春往秋来不记年。

唯向深宫望明月，东西四五百回圆。

今日宫中年最老，大家遥赐尚书号。

小头鞵履窄衣裳，青黛点眉眉细长。

外人不见见应笑，天宝末年时世妆。

上阳人，苦最多。

少亦苦，老亦苦，

少苦老苦两如何！

君不见昔时吕向美人赋，

又不见今日上阳白发歌！

在这首诗的舆论下，白居易向宪宗皇帝上呈了自己的奏状《请拣放后宫内人》。在该奏状里，白居易指出："宫内人数，积久渐多。伏虑驱使之余，其数尤广。上则虚给衣食，有供亿靡费之烦；下则离隔亲族，有幽闭怨旷之苦。事宜省费，物贵徇情。"

宪宗皇帝看到此奏后，感慨良多，想到适逢灾年，财务紧张，宫里竟然养了那么一大批自己见都没见过的女子，便再一次采纳了白居易的建议。

唐宪宗的一再肯定，让白居易对朝局的未来充满了希望。他想，有这样的名主圣君，大唐的未来一定是辉煌的。因此这期间，他写了大量的讽谕诗，来针砭时弊，希望宪宗皇帝清明朝局，关心百姓疾苦。

有一日，白居易下朝后，在路上碰到了一件特别令人气愤的事：

一个衣衫褴褛的妇女抱着两个孩子，凄凄惨惨地站在一辆非常豪华的马车旁。她期期艾艾地看向马车旁的一名将军，眼中充满了绝望和乞求。那位将军却十分不耐烦地看了她一眼，便命令家丁去把妇女怀里的孩子抢过来。

见家丁夺走了自己的孩子，妇女号啕大哭，不顾一切地想要把孩子抢回来。而离开了母亲的孩子也哭得撕心裂肺，张着稚嫩的小手，哭喊着“妈妈”。

将军见此，马上命人把孩子强行塞到了马车里，还令车夫给了拉着马车的妇女重重的一鞭。

很快，马车载着一对哭喊着“妈妈”的孩子便消失了。受了一鞭子的妇女依旧哭喊着，追着马车，想要追回自己的孩子。

可是人哪里赶得上马车，妇女很快倒在了尘埃里，变得更加狼狈惨烈。

白居易的老保姆看到妇女倒在路上，马上去搀扶。她问起妇女缘故，妇女先是号啕大哭，最后断断续续地告诉老保姆：马车里的那个将军，不是别人，正是她的丈夫。她的丈夫因为新近的战功，得到朝廷赏赐的二百万钱。谁知，他得到赏钱后，没有回来报喜，而是在洛阳新娶了一个妙龄女子，抛弃了自己这个陪他吃苦受累、为他生儿育女的结发妻子。现在，她的丈夫过来夺走了她的两个孩子。

听到此处，白居易的老保姆也悲伤不已，给了她一些钱财，便回去把这件事原原本本地告诉了白居易。白居易听后，也哀叹不已，为她写下了一首《母别子》：

母别子，子别母，白日无光哭声苦。
关西骠骑大将军，去年破虏新策勋。
敕赐金钱二百万，洛阳迎得如花人。
新人迎来旧人弃，掌上莲花眼中刺。
迎新弃旧未足悲，悲在君家留两儿。
一始扶行一初坐，坐啼行哭牵人衣。
以汝夫妇新燕婉，使我母子生别离。
不如林中乌与鹊，母不失雏雄伴雌。
应似园中桃李树，花落随风子在枝。
新人新人听我语，洛阳无限红楼女。
但愿将军重立功，更有新人胜于汝。

为了让这首诗广为流传，白居易还把这首诗直接念给老保姆听，直到老保姆完全听懂才罢休。毫无意外，白居易这首诗广为流传，很快便传到了那位抛弃结发妻子的大将军耳中。

大将军听到此诗后，气愤非常，心里对白居易怀恨不已。白居易也在无形中得罪了一位权贵。当然，白居易对于自己是否得罪权贵是完全不在乎的，他连长安城的大官都敢写诗讽刺，更何况边远地区的一个将军呢！

有一次，白居易路过一个大户人家，见这户人家非常奢侈，而这家的小巷里却有很多衣不蔽体、饥不果腹的老百姓。他不禁想起了杜甫的那句：“朱门酒肉臭，路有冻死骨”。想到做官的人如此奢侈，而老百姓却过得饥寒交迫，白居易十分伤感，也作了一首诗：

谁家起甲第，朱门大道边。
丰屋中栉比，高墙外回环。
累累六七堂，栋宇相连延。
一堂费百万，郁郁起青烟。
洞房温且清，寒暑不能干。
高堂虚且迥，坐卧见南山。
绕廊紫藤架，夹砌红药栏。
攀枝摘樱桃，带花移牡丹。
主人此中坐，十载为大官。
厨有臭败肉，库有贯朽钱。
谁能将我语，问尔骨肉间。
岂无穷贱者，忍不救饥寒。
如何奉一身，直欲保千年。
不见马家宅，今作奉诚园。

白居易的这首《伤宅》，讽谕了那些住在金碧辉煌的屋子里的大官，抨击他们世世代代为官，却只知道过着灯红酒绿、轻歌曼舞的腐败生活，根本不关心民间疾苦、不关心江山社稷。

可想而知，白居易的这些诗直接地得罪了那些有钱有权的达官贵人。在白居易进京时，他们百般讨好，却都被置之门外。如今，白居易竟然又写这些诗来讽刺他们，他们怎么能容得下白居易呢！

白居易的这些讽谕诗，让他在百姓中树立了光辉的形象，同时他也得罪大多数的达官贵人。在当时的朝局中，得罪这些达官贵人无疑是为自己的仕途树立了一座大山。

白居易却对此浑然不知，他把自己的一腔热血都放在了关心民间疾苦和直言进谏上，他甚至还与自己的好友元稹掀起了浩浩荡荡的新乐府运动。他们提倡“文章合为时而著，歌诗合为事而作”，白居易更是在这一时期，写了“美刺比兴”、“因事立题”的五十多首诗，并且编为《新乐府》。

新乐府运动在当时的社会引起了极大的反响，然而，并不是所有的君王都有唐太宗的广大胸怀，可以容纳如同魏征一样敢于直言进谏的人。即使是唐太宗，也多次对魏征表示不满，甚至是做出了罢黜的决定。

很显然，唐宪宗绝对不具备其先祖的雄才大略和广大胸怀。对于白居易的直言进谏，他或许能听进去一些，但是他绝对没有足够的胸怀去一直包容像白居易这样的臣子。在白居易大量讽谕诗和不断地直言进谏后，唐宪宗很快地就不耐烦了。

直言，与皇帝当面叫板

唐宪宗生性比较喜欢出门玩乐，对狩猎更是达到了一种痴迷的程度，而白居易一贯反对君王到处玩乐。他还为此写过一首《八骏图》讽谕喜欢到处游玩的周穆王：

穆王八骏天马驹，后人爱之写为图。
背如龙兮颈如象，骨竦筋高脂肉壮。
日行万里速如飞，穆王独乘何所之？
四荒八极踏欲遍，三十二蹄无歇时。
属车轴折趁不及，黄屋草生弃若遗。
瑶池西赴王母宴，七庙经年不亲荐。

壁台南与盛姬游，明堂不复朝诸侯。
《白云》《黄竹》歌声动，一人荒乐万人愁。
周从后稷至文武，积德累功世勤苦。
岂知才及四代孙，心轻王业如灰土。
由来尤物不在大，能荡君心则为害。
文帝却之不肯乘，千里马去汉道兴。
穆王得之不为戒，八骏驹来周室坏。
至今此物世称珍，不知房星之精下为怪。
八骏图，君莫爱。

此诗借周穆王乘坐八骏马，不远千里，去赴王母的瑶池约会一事，抨击周穆王只知道自己享乐，却把整个周王朝的兴废大事放之脑后，不仅败坏了朝廷的纲纪，还最终断送了大周王朝的百年基业。

唐宪宗对白居易的这首讽谕诗却置之不理，依旧我行我素地到处游玩狩猎。他每次一出门，虽然不是乘坐八骏马，但却也是前呼后拥，浩浩荡荡。更让白居易不满的是，唐宪宗每次出行狩猎，都肆无忌惮地践踏庄稼，有时候还凌辱当地的百姓取乐。那些老百姓却敢怒而不敢言，因此都在背地里骂唐宪宗一行是强盗。白居易对此痛心疾首，却也无可奈何。

还让白居易非常不满的是唐宪宗对道教的执迷，对长生不老的追求。据说，唐宪宗为了能够长生不老，一直服用所谓的“金丹”，但是这种“金丹”不仅不能让人长生不老，还会让人变得神情恍惚，喜怒无常。白居易一直对此事持反对意见，甚至还写了一首《海漫漫》来告诫唐宪宗：

海漫漫，直下无底傍无边。

云涛烟浪最深处，人传中有三神山。

山上多生不死药，服之羽化为天仙。

秦皇汉武信此语，方士年年采药去。

蓬莱今古但闻名，烟水茫茫无觅处。

海漫漫，风浩浩，眼穿不见蓬莱岛。

不见蓬莱不敢归，童男丱女舟中老。

徐福文成多诳诞，上元太一虚祈祷。

君看骊山顶上茂陵头，毕竟悲风吹蔓草。

何况玄元圣祖五千言，不言药，不言仙，不言白日升青天。

白居易写此诗本想劝谏唐宪宗，但是唐宪宗看到此诗后，却颇为不快！我求我的长生！跟你有什么关系！我出游也不行！吃个丹药也不行！你白居易管的也太宽了吧！针对这些事情，白居易并没有当面讽刺，只是写诗，唐宪宗虽然对他各种不满，但是考虑到他是自己提拔的人，也就睁一只眼闭一只眼了。

在唐宪宗看来，他对白居易已经够容忍的了。但是，白居易竟然不知好歹，竟然还敢当面指责他！

这事要从公元 809 年说起，这一年，成德节度使王士真病死，他的儿子王承宗继承了其父的官职。因为唐宪宗一直对地方的世袭制度不满，王承宗继位后，便亲自上表，称要把德（山东陵县）、棣（山东惠民）二州献给唐宪宗。

唐宪宗接到上表后，自然开心极了。本来还打算派人接替王承宗，现在王承宗这样忠心，他便顺水推舟，封王承宗为成德节度使，并派薛昌朝为德、棣的观察使。

薛昌朝接到任命后，马上赶往德州上任，并传达唐宪宗对王承宗的任命。谁知，魏博节度使田季安知道此事后，便挑拨王承宗说："兄弟，你就要大祸临头了！唐宪宗那个皇帝老儿，就要派人来解除你的官职了！一旦没有了官职，你哪里还有命在啊！唐宪宗一定会斩草除根，把成德占为己有的！"

听到田季安这样说，王承宗大怒，于是，等到薛昌朝来到成德后，他不分青红皂白，就把德州刺史薛昌朝囚禁了起来。唐宪宗得到消息后，大惊失色，马上派宦官前去，命令王承宗放人。但是，王承宗已经不信任唐宪宗了，非但不放人，还拒不奉召。

这次，唐宪宗真的生气了，他马上颁布诏书，削夺了王承宗的爵位，并任命宦官左神策中尉吐突承璀为大将军，准备讨伐王承宗。白居易知道此事后，大惊，上书《论承璀职名状》：

> 缘承璀职名，自昨日来，臣与李绛等已频论奏，又奉宣令依前定者。臣实深知不可，岂敢顺旨便休，伏望圣慈更赐详察。臣伏以国家故事，每有征伐，专委将帅，以责成功。近年以来，渐失旧制，始加中使，命为都监。顷者韩全义讨淮西之时，以贾良国为都监；近日高崇文讨刘辟之时，以刘贞亮为都监。此皆权宜，且为近例。然则兴王者之师，征天下之兵，自古及今，未有令中使专统领者。今神策军既不行营节度使，即承璀便是制将，又充诸军招讨处置使，即承璀便是都统。岂有制将、都统而使中使兼之？臣恐四方闻之，必轻朝廷；四夷闻之，必笑中国；王承宗闻之，必增其气；国史记之，后嗣何观？陛下忍令后代相传云，以中官为制将、都统自陛下始？伏乞圣虑，以此思之。臣又兼恐刘济、茂昭及希朝、从史，乃至诸道将校，

皆耻受承璀指麾。心既不齐，功何由立？此是资承宗之计，而挫诸将之势也。伏乞圣虑，又以此思之。臣伏以陛下自春宫以来，则曾驱使承璀，岁月既久，恩泽遂深。望陛下念其勤劳，贵之可也，陛下怜其忠赤，富之可也，至于军国权柄，动关于治乱，朝廷制度，出自于祖宗，陛下宁忍徇下之情，而自隳法制，从人之欲，而自损圣明？何不思于一时之间，而取笑于万代之後！今臣忘身命，沥肝胆，为陛下痛言者，非不知逆耳，非不知危身，但以蝼蚁之命至轻，社稷之计至重，伏乞圣虑，又以此思之。陛下必不得已，事须用之，即望改为都监，且循旧例。虽威权尚重，而制度稍存，天下闻之，不甚惊听。如蒙允许，伏望速宣与中书，改为诸军都监。臣不胜忧迫恳切彷徨之至。

大意为，战争这样的大事，怎么能让一个宦官担任统帅呢，这是万万不可的啊！该书可以说处处切中要害，但是唐宪宗看了之后，却始终沉默不语。

白居易见唐宪宗始终不表态，想到宦官当政的严重后果，十分着急。他一着急，就开始口无遮拦地指责起唐宪宗来："皇上！你不能任宦官为帅啊！这会危机大唐江山的啊！你这样做，就错了！大错特错了啊！"

唐宪宗自即位以来，别人一直对他唯唯诺诺。有谁敢这样当着他的面，这样严厉地指责他！他听了白居易的话，气得脸色发青，一句话也没说，就拂袖而去了！

回到宫中，唐宪宗郁闷不已。他心想：这个白居易简直太讨厌了！整天在他后面，耳提面命，这也不行，那也不可！现在竟然大胆到当朝指责他！真是太气人了！

正好李绛来觐见唐宪宗。唐宪宗便对李绛说道：“白居易这个小子，真是太气人了！他本来是朕一手提拔的！现在却对朕这样无礼，竟然当面指责！朕真是受不了他了！”

李绛听了，马上说道：“陛下息怒啊！臣以为白居易这样做完全是为了报答陛下的知遇之恩啊！他能不顾自己的生死，事无巨细地进谏，正说明了他对皇上的一颗忠心啊！皇上，您既然想要广开谏诤之路，就不应该阻止白居易这样的谏臣直言啊！”

唐宪宗想了想也对，便说道：“你说的也有点道理。”但是虽然嘴上这样说，可心里不愿意啊！于是，宪宗便想着，只要白居易收敛点，自己姑且忍到他期满吧。

谁知道，白居易压根不知道收敛！公元810年，河南尹房式弄虚作假，行不法之事，被贬到东台的监察御史元稹上表弹劾。唐宪宗不仅没有追查房氏的罪行，反而停了元稹的俸禄，并招他马上回长安！

元稹在回长安的途中，路过华州。因为天色已晚，便打算在华阴县敷水驿住宿一晚，就在此处发生更大的事故。

当晚，元稹正睡得香的时候，宦官仇士良也到了华阴县敷水驿。这位仇公公仗着自己是皇上跟前的大红人，非让正在睡觉的元稹把自己的房间让给他不成。

他轻蔑地对元稹说道：“哼！你小子也敢跟咱家抢房子！还不乖乖地给咱家让出来！否则，咱家让你吃不了兜着走！”

元稹本就是刚烈之人，听了仇士良的话，气愤地说道：“我乃朝廷命官！你一个小小的宦官也敢如此撒野！房子我已经睡了！你爱往哪睡就往哪睡去吧!”

说完便关了房门，倒头大睡。仇士良听了元稹的话，火冒三丈，便指使手下砸开了元稹的房门，还派宦官刘士元使马鞭对元稹大打出手。最后打得元稹满头是血、到处逃窜。这些宦官却还不肯善罢甘休，直接上书唐宪宗，让他一定要给元稹一点颜色看看。

话说仇士良、刘士元这帮宦官怎么敢如此嚣张！其实，这对他们来说，已经不算什么了。这些年，他们在皇宫一直横行霸道，还曾经杀过一个公主、两个亲王、四个宰相，就是皇帝唐宪宗也对他们畏惧三分，更别说元稹这么个不受宠的小官了！

很快，唐宪宗以与宦官厮打有辱身份为由下令贬谪元稹，贬他为江陵士曹。白居易和翰林学士李绛、崔群等人听闻此事后，对宦官十分不满，便一起上书，力陈元稹无罪，不当贬黜。

但是，唐宪宗却对他们的上书充耳不闻。白居易见好友受此屈辱，还要被贬谪，便一人奏请了三次。他力陈元稹的正直不阿，以及宦官的猖狂下作，并指出，如果此次谪贬了元稹，恐怕以后，宦官们就会更加骄纵暴虐，此风一长，大唐必危矣。

对于白居易的进谏，唐宪宗只觉得烦躁非常。他想白居易真是没完没了！于是，便暗示白居易的上司，说道：“白居易的官职低微，俸禄也太少了。这次任职期满后，由于他的资历地位也不高，实在不适合破格提拔了！你问问他，有什么想要的职位，可以告诉我！就不要担任谏官这样的职位了!”

白居易知道此事后，明白这是皇帝厌倦自己了！想了想，便也顺坡下驴，奏道：“臣听说姜公辅原任内职，请求做京兆府判司，为的是奉养双亲。臣有老母 ，家境贫穷奉养很差，请求像姜公辅一样。”

见白居易这样识趣，唐宪宗马上就恩准了，授白居易为京兆府户曹参军。他的俸禄提高了，但是却没什么实权了。白居易本就对官场有所厌倦了，对于这次的明升暗降也不怎么在意，他甚至还为此升迁，在家大宴宾客，并写下了一首《初除户曹，喜而言志》：

诏授户曹掾，捧诏感君恩。
感恩非为己，禄养及吾亲。
弟兄俱簪笏，新妇俨衣巾。
罗列高堂下，拜庆正纷纷。
俸钱四五万，月可奉晨昏。
廪禄二百石，岁可盈仓囷。
喧喧车马来，贺客满我门。
不以我为贵，知我家内贫。
置酒延贺客，客容亦欢欣。
笑云今日后，不复忧空尊。
答云如君言，愿君少逡巡。
我有平生志，醉后为君陈。
人生百岁期，七十有几人。
浮荣及虚位，皆是身之宾。
唯有衣与食，此事粗关身。
苟免饥寒外，馀物尽浮云。

他的好友元稹听说此事后，为好友感到高兴，便也和了一首，以表祝贺：

王爵无细大，得请即为恩。
君求户曹掾，贵以禄奉亲。
闻君得所请，感我欲沾巾。
今人重轩冕，所重华与纷。
矜夸仕台阁，奔走无朝昏。
君衣不盈箧，君食不满囷。
君言养既薄，何以荣我门。
披诚再三请，天子怜俭贫。
词曹直文苑，捧诏荣且忻。
归来高堂上，兄弟罗酒尊。
各称千万寿，共饮三四巡。
我实知君者，千里能具陈。
感君求禄意，求禄殊众人。
上以奉颜色，馀以及亲宾。
弃名不弃实，谋养不谋身。
可怜白华士，永愿凌青云。

丧母，落魄的渭水丁忧

当白居易正处在升官的喜悦中时，巨大的不幸发生了，他的母亲陈氏因为看花坠井身亡。

在儿子娶妻后，陈氏虽然精神上得到了很大的慰藉，但是她的身体却是每况愈下。特别要强的人，一旦身体极度虚弱的时候，总会出现一些严重的“心疾”。更何况，陈氏的心疾，早已经就有了。

这不得不上溯到很多年前。

白居易的父亲白季庚在四十一岁的时候，娶了刚满十五岁的陈氏为妻。陈氏的母亲据说就是白居易祖父白鍠的女儿。换句话说，就是身为白鍠长子的白季庚在自己的不惑之年迎娶了自己的妹妹才及笄的女儿陈氏。

虽然，陈氏与白季庚结婚后，夫妻还算恩爱，但是却始终对自己与丈夫的甥舅关系耿耿于怀。这层关系一直是她心中的大痛。虽然，知道这层关系的人并不多，但是陈氏生怕自己因为这种关系受到周围人的唾弃。

陈氏本就是一个极度重视门第伦理、极度要强的女子。她一直标榜自己做一个贤妻良母，想要做一个最为体面的人。但是，她却嫁给了自己的舅舅，虽然她并不是丈夫妹妹的亲生女儿，但是从名义上却确实有着甥舅之名。

这么多年来，她一直在这件事情的阴影里，来回挣扎，结果越陷越深，最后竟成了“心疾”。

在她的丈夫死后，陈氏悲伤过度，在身体极度虚弱时，曾经犯过一次心疾。那时候，白家因为丈夫的死已经变得十分落魄了。家里穷得已经连饭都吃不上，为了维持生计，白家的人不得不四处借贷。陈氏看到家族落魄，又想到四处借贷被人家指指点点，不禁又气又急，差点忧郁地自杀。

这个时候，家人才发现陈氏的“心疾”，为了医治母亲，白家兄弟，四处寻访名医，但是只见好转，不见除根！等到白居易功成名就后，母亲的“心疾”才有所缓解。虽是缓解，却也需要日日服药。母亲的药却是十分贵重的，白居易为了维持母亲的身体，没少为了母亲的药费发愁。

他甚至在奏疏中提到母亲的病，向唐宪宗诉苦说自己面临着巨大的经济压力：“臣母多病，臣家素贫，甘旨或亏，无以为养。养阙甘馨之费，病乏药石之资”，希望皇上能够给予帮助。

为了保护好自己的母亲，白居易还为母亲配备了身强体壮的丫鬟仆从，防止母亲因为“心疾”而出现了什么差错，但是谁知道竟然百密一疏，他的母亲还是趁人不注意坠井身亡了。

面对母亲的离世，白居易简直悲痛欲绝。但是还是坚持操办完了母亲的丧事，办完母亲的丧事后，他们兄弟几人便开始商量下葬的事情。“下葬”之事，一直是白家兄弟心里最大的隐痛，因为他们的祖父父亲都埋在了他乡异地，至死不曾落叶归根。

其实，白居易的祖籍本是太原。他的高祖白建曾任北齐五兵尚书，因为有功，被赐庄宅各一区，在同州同城县（今韩城）。可以说，从白建以下到白温二百年间，白氏家族墓地均在韩城。但是，白居易的祖父死后却埋在了新郑，他的父亲更是因为没有足够的金钱，死后被埋在了襄阳。

白氏兄弟为下葬的事情，商量了很长时间，最后决定，趁着母亲下葬，把祖父、祖母，还有父亲的尸骨都迁回他们祖坟所在地渭南下邽渭村一起下葬。

公元811年，白居易离职丁忧，扶着祖父、祖母、父亲、母亲的灵柩回到了故乡渭南下邽渭村。安葬好家人的灵柩后，悲痛欲绝的白居易马上病倒了。因为离职丁忧没有了俸禄，白居易一家人的生活很快地陷入了困境。

这时候，一向骄奢的妻子，却像变了一个人一样。一直陪在白居易身边，嘘寒问暖，并且开始勤俭持家。对于妻子的转变，处在病痛的白居易感激非常。他与妻子之间的感情，也在这段时间有了天翻地覆的改变。因为白居易发现，自己的妻子是一个真正能跟自己甘苦与共的人。在自己显赫时，妻子的大家风范从来不曾叫他在人前有丝毫差池，在他落魄时，妻子也表现出了大家女子所没有的坚韧和持家有道。得妻如此，夫复何求！白居易如此想到。

谁知道，白居易夫妻才刚刚在渭村安定下来，一个巨大的不幸就又发生了：白居易年仅三岁的女儿金銮子不幸夭折了！

本来就在病痛中的白居易遭此重击，更是卧病不起了。白居易三十八岁时才有了这么一个孩子，女儿出生时，白居易的妻子杨氏曾因为自己生的是个女儿有所遗憾。但是，白居易却开心非常，还劝导自己的妻子，不该重男轻女，并说自己的女儿一定也是一个像花木兰一样的女英雄！

自金銮子出生后，白居易就把女儿视为掌上明珠，怜爱无比。如今，母亲刚去不久，女儿就又夭折了，白居易强自支撑着自己的病体，抚着女儿的尸体痛哭道：

四十未为老，忧伤早衰恶。
前岁二毛生，今年一齿落。
形骸日损耗，心事同萧索。
夜寝与朝餐，其间味亦薄。
同岁崔舍人，容光方灼灼。
始知年与貌，衰盛随忧乐。
畏老老转迫，忧病病弥缚。
不畏复不忧，是除老病药。

朝哭心所爱，暮哭心所亲。
亲爱零落尽，安用身独存。
几许平生欢，无限骨肉恩。
结为肠间痛，聚作鼻头辛。
悲来四支缓，泣尽双眸昏。
所以年四十，心如七十人。
我闻浮屠教，中有解脱门。
置心为止水，视身如浮云。
斗擞垢秽衣，度脱生死轮。
胡为恋此苦，不去犹逡巡。
回念发弘愿，愿此见在身。
但受过去报，不结将来因。
誓以智慧水，永洗烦恼尘。
不将恩爱子，更种悲忧根。

女儿死后，白居易想要挑选上等的棺木来厚葬爱女，可是家中几乎都快无米下炊了，又哪来的钱银呢？最后，他只得让妻子杨氏当了自己手上的玉镯，这才将爱女裹尸薄葬。

安葬好女儿之后，白居易已经穷得一分钱也没有了，他只好拿起锄头，自己种地养家。

白居易丧母丧女的事，传到长安后，他的好朋友崔群便马上安排好手中事务，来探望白居易。因为不熟悉道路，他便向村口一个务农的老翁打听白居易的住处。

“老人家，请问您知道白居易家在哪里吗？”崔群恭敬地问道。

只见那个老翁停下手里的活，安静地站在那里，没有抬头，只是平静地问道："你找他何事?"

"嗯，我是他的一个故交好友，特来看看他！老人家，要是知道他的住处，请一定告诉我!"崔群说道。

只见那老翁慢慢地抬起头，凄然地说道："崔兄，你可还认得出白某啊?"

崔群一听，大吃一惊。他细细打量站在自己面前的老翁，满头白发，衣衫褴褛，满脸病容，不是他刚分别不久的好友白居易，又能是谁呢?！这才多长时间不见，他怎么竟然成了如此模样。

"白兄！白兄啊……咱们才一年不见，你怎么竟然成了如此模样呢?"崔群悲戚地说道。

"崔兄，一言难尽啊!"白居易也同样异常凄然地说道。

这天，崔群随白居易到了家中，只见家徒四壁，连一件像样的家具也没有。崔群从不曾想到，曾经风光一时的白居易，竟然落魄到如此境地。他知道，白居易性情高傲，一定不会接受自己的馈赠，便把随身带来的钱银，都偷偷塞给白居易的妻子杨氏。

崔群回到京城后，马上把白居易的困境告诉了朝中的好友，他们纷纷给白居易寄去钱银，表达自己的心意。白居易的好朋友元稹得到消息后，更是马上放下了手中的活计，赶到了下邽渭村看望自己的好友。

元稹到了白居易家后，看到自己的好友竟然潦倒至此，顿时与白居易相拥而泣。这一天，白居易与元稹畅所欲言。傍晚，元稹临去之时，塞给了白居易一包银子。白居易刚想要拒绝，元稹就说道："白兄，你我相知多年，如今你经此大难，小弟怎么能不挺身而出呢！何况，以前小弟落难，白兄不也仗义执言吗？只是一些黄白之物，白兄千万不要客气！”

听到元稹如此说，白居易也不好推辞，只好收下了。就这样，白居易在好友们的资助下，在下邽渭村穷困潦倒地过了三年。

公元813年，白居易三年的服丧期满，但是却迟迟没有等来朝廷起复的那一纸诏书。原来，朝局早在白居易离职丁忧的那一年，就发生了巨大的变故，原来的宰相裴垍因病去职，唐宪宗迫不及待地召回了与白居易有过节的李吉甫。李吉甫回朝后，很快掌握了实权，想到白居易与自己的过节，李吉甫便压下了起复白居易的诏书，对此事置之不理。

一晃，白居易已经除服半年多了，但是朝廷依旧没有起复他的诏书。这时，一个更坏的消息从长安传来。曾经为白居易辩解、极为赏识白居易的宰相李绛被免职了，白居易曾经弹劾过的大宦官吐突承璀则再次被重用了。

听到这些坏消息，白居易再也坐不住了，毕竟他还有家人需要供养啊！一直没有官职，没有俸禄，他们一家可怎么生活啊！于是，他马上给自己的好友们写了很多的求助信。只是，他的这些老同僚都在翰林院任职，没有什么实权啊！虽然他们也对白居易的遭遇很是同情，但是却也爱莫能助。

就这样，白居易又在等待中过了半年。当白居易都快要绝望的时候，新的转机出现了。他的死对头李吉甫病死了！韦贯之以尚书右丞为同平章事，是因为韦贯之曾经在科考案中支持过牛僧孺，因此与李吉甫极为不和，与同样支持牛僧孺的白居易倒是比较投缘。

韦贯之掌握实权后，白居易的那些朋友们，马上开始为白居易四处周旋。在朋友们的帮助下，公元814年，白居易终于等到了迟到了一年的起复诏书。

得罪权贵，被贬江州

公元814年冬天，在渭南农村蜗居了整整四年的白居易被重新召回长安，授予太子左赞善大夫。对于这次起复，白居易是异常激动的，但是他却忽略了太子左赞善大夫是个怎样的职位。

太子左赞善大夫属于正五品上，隶属于东宫，看似职位不低，但是却有一个规矩：东宫官员不得过问政事，否则就是越权。很显然，白居易这次虽然被起复，但是却早已远离了大唐的权力中心，只是担任了一个富贵闲职。明眼人都知道，这次白居易是彻底地被打入冷宫了！

但是白居易却不这样认为，他认为太子乃是国家未来的根本。皇帝把这样重要的职位交给自己，自己怎么能不感激涕零呢？不得不说白居易对唐宪宗是十分愚忠的。于是，在刚担任此职的时候，白居易是具有满腹的热情的。

可是很快地白居易就不这么想了，他发现太子太过平庸了，不是个可造之材啊！和太子几次交锋后，白居易彻底败下阵来，他对自己的官职已经不抱太大的热情。有时候早上起来，都不愿意去皇宫参政了，有什么可报告的呢？太子一直就是那个样子，他即使有李斯之才也力挽不了狂澜了啊！

白居易这时候终于知道，自己仕途不顺了。于是，他便开始消极怠工，借酒消愁了。白居易的妻子杨氏，看到自己的丈夫如此苦闷，便开解道："夫君啊，你今年四十四了，已经是官居五品了，还有什么不满足的呢？朝廷的事情，自然有该管的人管，那些不在你职责范围里的事，你又何必那么在乎呢？再说了，皇上既然给了咱们一个富贵闲职，咱们这样做个富贵闲人，难道不好吗？总比在渭南当个农夫要好吧？”

听了妻子的话，白居易也略有所思。他想，妻子的话虽然没什么见识，却是十分实际的。他想到如今朝廷的昏暗，仅凭自己一人之力，又怎能有所改变呢？既然皇帝想让他做个富贵闲人，那就潇洒地做个富贵闲人好了。

如此一想，白居易便觉得豁达了很多，他突然想起了远在符离的流沟寺。他曾经在那里获得过最大的安宁啊！如此一想，白居易的心里便更加踏实了，他总算找到自己心灵的归宿了。

自此之后，白居易便完全改变了自己的心境。他开始着手研究佛教，虽然他没有什么皈依佛门的打算，但是，却可以在佛经当中，获得最大的宁静。

更让人喜悦的是，这一年，妻子竟然又给他生了个女儿。这个刚出生的女儿长得几乎和自己最疼爱的金銮子一模一样。这下子，白居易彻底被刚出生的小女儿吸引了。

他为自己的女儿取了一个十分亲切的名字“罗儿”。看到女儿每天都健康快乐的成长，白居易觉得此生无所求了。于是，在这段本就清闲的日子里，白居易只要稍有空闲，便会把自己的女儿抱在怀中。

杨氏又生了女儿，本来心情十分苦闷，但是看见自己的丈夫如此欢喜，也一下子开心起来了！是啊，他们这样的官宦人家，无子的话，严重就要被休弃的！虽然，她知道自己的出身，丈夫绝对不会轻易休弃自己，但是还是担心因为生了两个女儿而遭到丈夫冷落的。谁知道，她的担心完全是多余的啊！她看着丈夫一副有女万事足的兴奋样，看着丈夫比之前更加怜惜疼爱自己，杨氏那惴惴不安的心，彻底地落了地。

她开始明白，别说是自己现在生的是个女儿，估计自己这辈子生的都是女儿，丈夫也是没啥怨言的！估计，还会想着把自己的女儿们培养成巾帼英雄呢！想到这里，她觉得自己简直幸运极了。她们这样的家族，有多少女子因为无子，被夫君厌弃，她们的命运又是多么悲惨啊！而自己是何其幸运啊！

自此之后，杨氏对自己的丈夫白居易更加温柔体贴了，即使是丈夫的那些莺莺燕燕们，杨氏也看着顺眼多了。要知道，白居易自从娶妻之后，可是经常光顾青楼妓院呢！

这段时间，是杨氏嫁给白居易后最为开心和轻松的一段时间。但是，杨氏这种安逸的日子，还没有过够，自己的丈夫就又“惹祸”了。

公元815年夏，京城发生了一件耸人听闻的大事件：宰相武元衡竟然被几个蒙面的歹徒刺死了！同时被刺伤的还有御史中丞裴度！

这个事件一下子震惊了整个朝野！整个朝堂都开始人心惶惶起来！更可气的是，这些行凶的刺客还十分嚣张！他们杀了人之后，居然还在衙门贴了一张纸：你们别想抓捕我们！要是你们企图抓捕我们，我们就先把你们杀了！谁敢抓我们，谁就是找死！

果然，在歹徒的恐吓下，那些大臣们竟然一个也不敢向皇帝启奏这件事。唐宪宗一直在追求长生不老，早就不怎么关心朝政了。因此宰相大人没来上朝，他也没怎么在意。可是，白居易却激动了！

这么大的事怎么能欺瞒皇帝呢？于是，在所有人都对此事保持沉默的时候，白居易再一次当了出头鸟了！

其实，说起这件事情的起因也很简单，在宰相武元衡刚开始上任不久，便开始策划招讨反叛藩镇的事情，而他要招讨的那些对象见朝廷要招讨他们。顿时就都坐不住了。于是，他们不仅开始大肆谩骂武元衡，还派使者去找武元衡谈判。武元衡认为自己乃一朝宰相，当然对他们的使者不屑一顾了！双方的矛盾不断升级。藩镇里最反叛的王承宗更是数次上表攻击谩骂武元衡，两人的矛盾不断升级，可以说人尽皆知。

别的藩镇也对武元衡恨得不行，但是他们可没有像王承宗一样只是上表谩骂，而是想了更加恶毒的办法——刺杀！你不是要招讨我们啊，你不给我们活路，我们就先置你于死地。于是，在另一个藩镇王李师道的策划下，一群刺客刺杀了武元衡，还刺伤了裴度。

这样的大事，京城已经尽人皆知。白居易也是知道的。他以为一上朝，那些大臣们就会马上向唐宪宗回禀此事。谁知道，那些人竟然胆小如鼠，没有一个人提起这些事！他看到，朝堂之上，人人自危的样子，那颗平淡的心马上就不平淡了。

于是，回家之后，他马上义愤填膺地写了一封奏折给皇帝。在奏折中，他慷慨陈词：陛下！天理昭昭！光天化日之下，竟然有人在京城重地刺杀当朝宰相！这是对皇权的最大侮辱啊！为了雪耻，重整朝纲，一定要严惩凶手！否则，我大唐哪里还有天理可言！

看到此奏折的唐宪宗，也震惊了！因为到现在他才知道他的新宰相竟然已经被人杀死了，而且连头颅也被贼人抢走了！他马上询问群臣道："武元衡被刺杀了?!这样大的事，众位爱卿，怎么没人禀报朕呢?!”

听到皇上的谴责，所有的人都不淡定了，大臣韦贯之马上说道：“启奏陛下，臣刚要禀报，谁知道竟然被白居易抢了先!”

那些对白居易不满的大臣，也马上纷纷指责白居易。白居易的死对头吐突承璀马上抓住了这个机会，大声说道：“陛下，白居易乃是善赞大夫，他的主要职责是辅佐太子！自古以来，东宫之人不得参政！白居易此举有越职之罪啊！太子怎么能由这样不懂规矩的人辅佐呢?”

那些宦官们听到自己的顶头上司这样说，马上纷纷附和道：“是啊，陛下！白居易这样的人太不规矩了！您一定不能姑息啊!”

唐宪宗一想也对，更何况，他早已经对白居易的劝谏烦透了！早不想每天听白居易的各种规劝了，于是马上就说道：“嗯，白居易此举是有些逾越，这样吧，朕就贬他为江州刺史，以示惩戒!”

那些对白居易有意见的人，听到唐宪宗的决定都高兴了！终于把这么个老顽固踢出去了!

白居易因为越职禀告被贬为江州刺史的消息很快传开了！大家都心知肚明，这是白居易遭报复了！白居易的朋友们对此事大多是表示同情的，因为大家都知道，白居易可是个非常正直的人，他这样的人可是朝廷的栋梁之材啊！只可惜，得罪了正在得宠的宦官们啊!

可是，在白居易的同事中，有一个人做了一件落井下石的事情，这个人就是王涯。说起王涯，本是白居易在翰林院的同事，二人还曾经在科考案中并肩作战过，白居易对王涯还是有着很深的同僚之情的。但是，王涯此人，却是一个极为有心机的人，他早就发现，唐宪宗已经不掌实权了，现在他已经完全被宦官们迷惑了。

为了讨好这些宦官，他决定对白居易落井下石，以巩固自己的地位。于是，在白居易被贬为江州刺史之后，王涯马上又写了一弹劾白居易的折子，这个折子写的更是恶毒！

他在奏折里写到："白居易实在是一个不孝之人啊！他的母亲因为看花坠井而死，白居易竟然还作《赏花》及《新井》这些诗，这些诗是大大的不孝啊！这样不孝的人，怎么能担任刺史这样重要的职位呢？陛下一定要三思啊！"

其实，白居易做这些诗的时候，他母亲已经故去多年了。王涯简直是欲加之罪啊！但是，这时候的唐宪宗早已经不能明辨是非了，看了王涯的奏折，他马上就又下了一道折子：把白居易由江州刺史改为了江州司马！王涯，果然讨好了宦官一脉，在一年之后，竟然取代了韦贯之，登上了宰相之位。

白居易听到自己的同事竟然对自己落井下石，身心受到了极大的伤害，又见唐宪宗竟然偏听偏信，贬自己为江州司马，更是心灰意冷。他怎么也想不到，自己的一腔忠君爱国热情竟然换来的是这样让人难以接受的结局。

第五卷

官场，谁不曾一时失意

他曾经官场失意，一身落魄；他曾经被好友诋毁，流放江州；他甚至满腹委屈，泪湿沾襟。然而，当圣旨传来，为了自己的兴国之梦，他毅然重返朝堂。

江州司马的清闲

公元815年，白居易被贬为江州司马，江州司马其实就是江州刺史的助手，这是一个十分尴尬的官职，这个官职大多时候是用来安置那些有罪的官员的。因此，只有那些有罪的官员，才会被安排为此职，以此来接受朝廷的监督和看管。

接到圣旨当天，白居易便启程去江州，来送白居易的这个人，正是曾经去渭南看望过白居易的崔群。白居易没有想到，自己丧母丧女后，不远千里，赶往渭南的是崔群。如今，自己惨遭贬谪，各方同僚恨不得马上跟自己划清界限之时，竟然又是崔群，不顾朝局的险恶、不顾自身的安危，来为自己送行。

“崔兄，想我白某渭水丁忧时那般落魄，是你不远千里前去看望我。如今，我惨遭贬谪，乃待罪之身，竟然又是仁兄来为我送行！崔兄的恩情，白居易定当终身不忘啊！”白居易握着崔群的手，感激地说道。

“白兄何出此言，你我本是至交好友，这次的事情为兄本该相帮，但却无能为力，只希望白兄此去一路顺风，早日回京述职。”崔群也激动地说道。

白居易对崔群再三相谢，挥手告别而去。这一路白居易途径故地，也遇到了故人。故人就是已经多年不见的湘灵，当白居易再次看到湘灵的时候，百感交集。

那日，马车行驶中，白居易看见了一个抱着琵琶的女子，他仔细观看竟然是多年不见的湘灵。他马上跳下马车，大声呼唤道：“湘灵，湘灵！我是居易哥哥啊！”

湘灵听到白居易的呼唤先是震惊，之后便慢慢地变成了平静。因为她看到白居易跳下来的那辆马车里，一个端庄肃然的女人正抱着孩子，挑着帘子，细细地打量她。

“湘灵——”白居易走到湘灵近前，拉着她的手激动地喊道。他见湘灵怔征地望着他身后，便也顺着湘灵的眼睛望去。只见他的妻子杨氏和女儿罗儿正在看着自己，见自己回头，妻子什么也没说，只是对他微微一笑，便抱着孩子又进了马车。

他回过头来，看着湘灵，那句“湘灵”就压在了嗓子里。湘灵也收回了目光，对着白居易一福，说道：“小女子湘灵，见过大人……”

“湘灵……你我之间何必这样……”白居易凄然地说道。

听到白居易这样说，湘灵便也不再说什么。

“湘灵，这几年你过的可好？”白居易问道。

“风餐露宿，勉强度日罢了。”湘灵答道。

“我……湘灵……我对不住你啊！”白居易艰难地说道。

听到此处，湘灵终是落下泪来。这么多年，她对白居易的背叛一直耿耿于怀，她一直想要见他一面，想要问他一句：“可还记得对湘灵的誓言。”

如今，他有妻有女，见到自己也不过是一句“我对不住你”！自己还有什么所求呢。这些年的苦、这些年的累、这些年的痴心等候，换来的也不过是他的一句“我对不住你”！湘灵只觉得心痛难当，她强自镇定，说道：“大人现在已得如花美眷，前尘往事就随风而去吧！小女子就此别过。”

湘灵说完，便转身而去，只留白居易一人站在途中。白居易见湘灵越行越远，终是问了自己最在意的问题：“你可曾嫁人？”

湘灵的脚步一顿，眼泪顿时如断了线的珠子。可曾嫁人？

“不曾……”她轻轻地说道。

她静静地等在那里，她也不知道自己在等什么，或许依旧是不甘心的吧。

身后的白居易听到此句，也落下泪来。他看看停下脚步的湘灵，又看看身后的马车，终究什么也没说。

一片沉默。他的沉默对于湘灵而言，何尝不是最残忍的拒绝！湘灵又何尝不知他的拒绝呢！她终是迈开脚步，孤独地远去。

回到马车上，白居易的心情久久不能平静。他对湘灵充满了愧疚和不舍，却只能让她离开。爱情一旦失去了原本的美好，就再也不具备为之不顾一切的理由。早在白居易娶杨氏的那一刻，湘灵就只能成为了纪念。

爱情，有时候何尝不需要适可而止，一旦太过浓烈，最后便只能是云淡风轻。在白居易心里，湘灵已经不是爱情里的模样，而这段爱情，除了怀念，便再也不具备其他的意义了。

当晚，白居易写下了一首《逢旧》，悼念他这段感天动地，最后却无疾而终的爱情：

我梳白发添新恨，君扫青蛾减旧容。
应被傍人怪惆怅，少年离别老相逢。

非常幸运的是，白居易到江州之后，颇受江州刺史的礼遇。原来，在任的江州刺史竟然也是一个诗迷。听到自己仰慕已久的大诗人白居易被贬到江州，马上带领自己的属下，亲自去城门迎接。

于是，当白居易异常失落地到达江州时，就看见，他的顶头上司江州刺史竟然带领了一群人来迎接自己。他当时既震惊，又感动，忍不住便赋诗一首《初到江州》：

浔阳欲到思无穷，庾亮楼南湓口东。
树木凋疏山雨后，人家低湿水烟中。
菰蒋喂马行无力，芦荻编房卧有风。
遥见朱轮来出郭，相迎劳动使君公。

不得不说，对于白居易来说，这真是一个好的开始。由于江州司马本就是一个闲职，再加上江州刺史的额外照顾，白居易到了江州就过上了异常清闲的生活。他什么政务都不用管，只要每天游游山，玩玩水，按月领钱就可以了。

在这样宽容的环境下，白居易的心情除了还有点淡淡的惆怅，很快便放松下来。他在江州，除了游山玩水，最大的乐趣便是和自己的小女儿罗儿玩闹嬉戏了。

他的女儿罗儿今年已经两岁了，正是爱玩爱闹的年纪，而她最喜欢的玩伴便是自己的父亲白居易。只要父亲有空，罗儿便一直缠着父亲闹个不停，白居易不仅不觉得厌烦，还引以为傲。有一次，他还无比自豪地向自己的妻子炫耀："朝戏抱我足，夜眠枕我衣。"弄的小妻子杨氏哭笑不得。

当然，他也会为自己的女儿发愁，因为自己年纪太大了，怕女儿长大后，自己已经是一个什么都帮不上忙的老翁了。为此，他还特意作了一首诗，送给年仅两岁的女儿：

罗子

有女名罗子，生来才两春。
我今年已长，日夜二毛新。
顾念娇啼面，思量老病身。
直应头似雪，始得见成人。

大意就是，我一天天老了，估计你长大了，为父也就成了白发苍苍的老头儿了。真是让人惆怅啊！跟他同样惆怅的还有他的好朋友元稹，因为元稹也膝下无子！这一日，白居易就收到了元稹的一封诉苦信，信中说道："白兄啊！我已经将自己的诗集编订成集了，只是你我身边都没有儿子啊！万一，这些诗稿都失传了怎么办呢？哎……真是发愁啊……"

看了元稹的信后，白居易马上写诗安慰道：

各有文姬才稚齿，俱无通子继余尘。
琴书何必求王粲，与女犹胜与外人。

大意就是，有女儿也挺好的，咱们的女儿，只要悉心培养，一定也不比古代的蔡文姬差啊！可见，白居易对于自己的女儿也是寄予了极大的厚望的。

对于杨氏来说，在江州的这段时间也是异常甜蜜的。丈夫虽然被贬谪了，但是贵在清闲啊！他们夫妻，每天都细心为女儿打扮，看着女儿的娇憨样，总是忍不住心花怒放。白天，他们就带着女儿四处游玩，到了晚上丈夫便教女儿读书写字。

女儿天真幼稚，总是喜欢打破砂锅问到底，而丈夫却比自己都要有耐心，几乎是有问必答。他们的女儿罗儿，虽然才两岁多，却天资聪颖，就像丈夫写的那句“学母画眉样，效吾咏诗声”一样，乖巧伶俐，招人喜欢。

丈夫体贴，女儿乖巧，她还有什么不知足的呢！在这样闲适的状态下，杨氏也变得越发慵懒了。白居易虽然对杨氏的懒惰有些不满，但是确实没什么事啊！早上不起床就不起床吧！于是，在白居易的纵容下，杨氏变得更加慵懒了。

白居易一家就这样在江州异常清闲地度过了一段时光。第二年夏天，白居易的哥哥白幼文因病去职了。白幼文闲下来之后，想到自己的弟弟被贬江州了，便带着家人，去江州看望白居易。

兄弟二人久别重逢，自是非常开心。他们闲话家常，就想起了当初最为困苦的时候。

“大哥，那些年，若不是你的资助。恐怕小弟连进京考试的银子都没有啊！”白居易感慨地说道。

“咱们乃是同根生的兄弟，何必这样见外呢？更何况，我本是家中长子，父亲去后，长兄为父，这是为兄的本分啊！”白幼文也不无感慨地说道。

“可怜小弟至今都在仕途上没有什么大的建树啊！真是愧对兄长！愧对白家的列祖列宗啊！”白居易沮丧着说道。

“居易啊，你怎么能如此气馁呢！自古以来福祸相依，为兄相信你早晚会有大的建树的！你安心在江州蛰伏，为兄相信，你总有出人头地的一天啊！”

听到哥哥这样看重自己，白居易觉得浑身都充满了力量。他也乐观地说道：“大哥此言甚是！小弟暂且安心在此地蛰伏！来，来，来，今天大哥来到小弟这里，咱们一定要开怀痛饮，喝个痛快啊！”

白幼文在江州停留了几天，发现弟弟虽然被贬，但是却颇受当地刺史礼遇，也放心了。于是，便向白居易告辞离去了。白居易虽然也想让哥哥多住几日，但是想到哥哥的身体，也就作罢。哥哥走后，白居易的心情好了许多。但是，一次巧遇，却彻底地打破了白居易在江州的平静。

相含泪挥就《琵琶行》

公元816年，白居易送一位到江州拜访他的好友回京。在送别的路上，巧遇了一个弹琵琶的歌女。此歌女不仅让白居易泪洒青衫，还缔造了白居易诗歌史上的另一个高峰。

那是一个秋风萧瑟的晚上，白居易把客人送到溢了浦口。看到岸边有酒家营业，便邀请客人一边到酒家喝酒，一边等着回京的船只。两人推杯换盏，喝得好不惬意。只是，少了歌舞助兴，总觉得少了点韵味。

他们在京城每逢喝酒便有歌舞助兴，白居易的歌姬小蛮和樊素更是个中高手。正当二人为此感慨时，突然听到了京城最为流行的琵琶声。那声音婉转悠扬，竟然比他们听过的一些大家毫不逊色。

二人听了半响，才回过神来，忙派仆从邀请弹琵琶的女子到船里献曲。但是仆人却回禀说，女子并不愿意过来献曲。白居易对音律本就十分痴迷，便马上将自己的船移到歌女所在的船只。命令酒家重新添酒开宴，那个弹琵琶的歌女，也是千呼万唤，才请了过来。

只见来的这个歌女用琵琶挡住了自己一半的脸。然后，先是调试了一下琴弦，只听悲悲切切，似乎是有着天大的委屈。而后便弹起了京城最为流行的《霓裳羽衣曲》，只听，琴声时而浑宏悠长，时而和缓幽细，时而像一颗颗的大小珍珠掉落在玉盘上一样清脆，时而又如同冷涩的水泉呜呜咽咽。

听她这样安静地弹着曲子，就好像是有一种无声的忧愁慢慢地在心底积聚。最后，一声裂帛，曲声已停。听客的心底却又油然而生了另一种落寞。

一曲弹罢，白居易久久不能平静。他起身问道："此曲乃是京城流行的《霓裳羽衣曲》，姑娘曲调不俗，不知道出自哪位名师?"

只见，那个歌女轻轻地一福，凄然地说道："小女子乃京城人士，家就在京城最繁华的烟花之地，自幼学习琵琶，师傅乃是穆、曹二善才。"

白居易也吃了一惊，说道："姑娘乃京城人士，又有如此名师，怎么会沦落到江州之地呢?"

闻言，那个弹琵琶的女子面色悲苦地说道："此事真是一言难尽啊!"原来，弹琵琶的女子十三岁便学成师满，之后便在长安最大的教坊唱歌，每次一曲唱罢，同行里没有不点头称赞的。为此，京城里的那些教坊，都竞相请她到教坊唱歌。怎奈，岁月如刀，刀刀催人老。她很快年老色衰了，她的弟弟也去参军了，那些姐妹们也都去世了，只留下她一个无依无靠。无奈之下，她只好嫁给了一个原来喜欢听她曲子的商人。这个商人不嫌弃她年老色衰，愿意娶她为妻。

谁知道，她嫁给这个商人之后才知道，自古以来，商人重利轻离别。商人为了赚钱，经常去外地买茶，只留她一人，在这船上形单影只。

听了琵琶女的叙述，白居易感慨万千。想到自己也曾在繁华的京城风光过，如今也落到了江州之地，忽然便有了一种“同是天涯沦落人，相逢何必曾相识”的感觉。

“在下白居易，也曾在京城之地待过，也曾经风光一时，只是如今和姑娘一样落魄了，沦落到了这江州之地。听了姑娘的故事，有感而发，想为姑娘作诗一首，不知道姑娘意下如何？”白居易说道。

琵琶女听说此人正是京城闻名的才子白居易，也是十分感慨，又听白居易说想为自己作一首诗，一时非常感动，便又弹了一曲。此曲急切凄惨，闻着无不落泪，白居易更是哭湿了自己的青衫。

随后，白居易起身，沉吟片刻，便写下了又一篇诗歌巨作——《琵琶行》：

浔阳江头夜送客，枫叶荻花秋瑟瑟。

主人下马客在船，举酒欲饮无管弦。

醉不成欢惨将别，别时茫茫江浸月。

忽闻水上琵琶声，主人忘归客不发。

寻声暗问弹者谁，琵琶声停欲语迟。

移船相近邀相见，添酒回灯重开宴。
千呼万唤始出来，犹抱琵琶半遮面。
转轴拨弦三两声，未成曲调先有情。
弦弦掩抑声声思，似诉平生不得志。
低眉信手续续弹，说尽心中无限事。
轻拢慢捻抹复挑，初为霓裳后六幺。
大弦嘈嘈如急雨，小弦切切如私语。
嘈嘈切切错杂弹，大珠小珠落玉盘。
间关莺语花底滑，幽咽泉流水下滩。
水泉冷涩弦凝绝，凝绝不通声渐歇。
别有幽愁暗恨生，此时无声胜有声。
银瓶乍破水浆迸，铁骑突出刀枪鸣。
曲终收拨当心画，四弦一声如裂帛。
东船西舫悄无言，唯见江心秋月白。
沉吟放拨插弦中，整顿衣裳起敛容。
自言本是京城女，家在虾蟆陵下住。
十三学得琵琶成，名属教坊第一部。
曲罢常教善才服，妆成每被秋娘妒。
五陵年少争缠头，一曲红消不知数。
钿头银篦击节碎，血色罗裙翻酒污。
今年欢笑复明年，秋月春风等闲度。
弟走从军阿姨死，暮去朝来颜色故。
门前冷落车马稀，老大嫁作商人妇。
商人重利轻别离，前月浮梁买茶去。

去来江口守空船，绕舱明月江水寒。
夜深忽梦少年事，梦啼妆泪红阑干。
我闻琵琶已叹息，又闻此语重唧唧。
同是天涯沦落人，相逢何必曾相识。
我从去年辞帝京，谪居卧病浔阳城。
浔阳地僻无音乐，终岁不闻丝竹声。
住近湓江地低湿，黄芦苦竹绕宅生。
其间旦暮闻何物，杜鹃啼血猿哀鸣。
春江花朝秋月夜，往往取酒还独倾。
岂无山歌与姑笛，呕哑嘲哳难为听。
今夜闻君琵琶语，如听仙乐耳暂明。
莫辞更坐弹一曲，为君翻作琵琶行。
感我此言良久立，却坐促弦弦转急。
凄凄不似向前声，满座重闻皆掩泣。
座中泣下谁最多，江州司马清衫湿。

写完此诗后，白居易不禁又想起了湘灵。湘灵何尝不是一个歌女，比之这个歌女，湘灵的命运更加凄惨。因为，琵琶女尚且有一个商人可以依靠，而湘灵却是孤身一人。

想到湘灵那句愁苦的“未曾”，白居易只觉得肝肠寸断。他不知道以后等待湘灵的是怎样的命运，也不知道湘灵在以后的岁月里会不会再嫁。

若说他这一生最对不起的人，也只有湘灵了。自己当初对湘灵是怎样的信誓旦旦，如今却都已经成了最大的讽刺，什么非卿不娶，什么绝不妥协，到如今，也不过都成了一纸空话。

《琵琶行》就如同当时的《长恨歌》一样，很快便传遍了整个长安城。只不过，这次白居易的《琵琶行》却并没有受到唐宪宗的认可。看了白居易的《琵琶行》，唐宪宗想到，这不是在埋怨自己啊！于是，本来已经对白居易消气的唐宪宗，再一次生气了。他决定暂时就让白居易在江州反省吧，省得回来了，整天牢骚自己。

就这样，白居易在江州一待就是三年。这三年的时间里，白居易和妻子杨氏又生了两个女儿。女儿的出生大大地填补了白居易那颗惆怅的心。只要看见可爱的女儿们，白居易就觉得浑身洋溢着幸福。他总是想，他是何等的幸运啊！上天竟然把三个如此可爱的女儿送到了她的身边。

只是，让他感到愁苦的是，这两个新生的女儿都体弱多病，让人费了不少心。可是，谁曾想到，即使如此静心地照料，白居易这两个多病的女儿还是夭折了。

这样的结局，让白居易痛苦非常。两个女儿死后，白居易把女儿的尸骨埋在了江边。每当他来到江边，就会想起自己可爱的女儿，每次都败兴而归。

想到自己惨遭贬谪，又想到自己女儿们的早夭，白居易的心情前所未有的颓废。他开始相信命运之说，为了解除自己的痛苦，也为了找到新的救赎，白居易开始信佛。在他看来，或许只有佛祖才能真正了解他的痛苦。在这种情绪的影响下，白居易决定效仿陶渊明，隐居山林，结草而居，彻底告别朝堂的喧嚣。

对于大诗人陶渊明，白居易一直非常敬仰。当初，陶渊明曾经在庐山隐居，并打算在庐山终老一生。而今，白居易也为了寻找一个隐居的好地方而踏上了庐山。

到庐山以后，白居易发现东林寺附近有一处山凹。这个山凹北傍遗爱寺，南靠香炉峰，山凹旁有密林流水，景色清幽，是一个隐居的绝佳之处。看到如此美景，白居易也像他的祖父白锽一眼爱上新郑一样，也一眼爱上了这个地方。他决定，就在此地结草庐而居，开始自己的修行之路。

在庐山结草堂而居

庐山，就像诗人们写的那样：春有锦绣谷花，夏有石门涧云，秋有虎溪月，冬有炉峰雪。在庐山的山水熏陶下，白居易那颗受伤的心很快便平静了下来，他开始享受这样的安宁。

对于庐山，白居易是包含深情的，他曾经这样写到："庐山以灵胜待我，是天与我时，地与我所，座获所好，又何以求焉!"庐山这样的包容，让白居易的精神世界产生极大的改变。他开始下意识地想要远离朝堂的喧嚣而归于山水的平静。若说，白居易之前还有达则兼济天下的雄心壮志，而此时的白居易便只剩下了穷则独善其身的安宁。

只是，白居易的草堂盖的并不是那么的顺利，因为山凹那处的荒地是有主的。原来，在庐山山侧住着一位姓郑的寡妇，这一小块荒地，就是这位姓郑的寡妇开垦的，白居易想要占为己有，便要经过郑寡妇的同意。

只是这个郑寡妇却不爱钱财，只喜欢京城之地的绫罗绸缎。在白居易的三寸不烂之舌下，郑寡妇最后同意用白居易在长安替人写匾时得来的三匹锦绢来换自己的一小块荒地。

不得不说，这真是一笔不合算的买卖啊！这三匹锦绢，即使在京城重地，也不止换这么一小块荒地啊！更何况是在庐山这么个远离市镇的荒凉之地。但是，白居易却是甘之如饴的，对于他而言，那几匹锦绢算什么啊！能在此地结个草庐居住，这是多少金银财宝都买不来的啊！

于是，白居易便欣喜若狂地买下了郑寡妇的小荒地，并在荒地上盖了一间茅草屋，美其名曰：草堂。然后，悠闲地过起了“从容于山水诗酒间”的隐居生活。

这年四月，白居易在溪畔游玩，又遇见了郑寡妇。郑寡妇见白居易对着那一点也不好看的小溪就兴致浓郁，便笑着对白居易说道：“白居士啊，这小溪有什么好看的啊！您都来了半年了，天天对着它，也不厌啊！您要是真要赏景的话，何不去西边山顶的大林寺。那里还有一大片桃花林呢。”

听到郑寡妇这样说，白居易开心不已。但想到，此时正值初夏，估计那些桃花早就凋谢了，便惋惜地对郑寡妇说道：“只可惜，此时已经是初夏，那些桃花已经是落英满地了啊！不然，真是一个游玩的好去处。”

听到此处，郑寡妇说道：“白居士，您有所不知啊！这山上的季节比山下来得晚，我估计这时候正是桃花盛开的时候，你何不亲自去看看呢？”

听郑寡妇这样说，白居易也来了兴致。第二天，便邀了东林寺的慧恩和尚一起去大林寺游玩。他们走到山上，发现这里果然别有洞天。只见寺内清风习习，翠柳丝丝，颇有一番早春的气息，令人心旷神怡。

白居易忍不住赞叹道：“此处果然是一个游玩的好去处啊！山下已是初夏，没想到此处竟然还是早春。真是山高地深，时节绝晚，别有一番味道啊！”

大林寺的方丈听说白居易携友来到了大林寺游玩，马上盛情接待，并亲自在寺内的林荫之中，准备了清泉、香茗为他们接风洗尘。三人在林荫之处，烹茶畅聊，好不尽兴。

由于登山时，颇为费力，白居易竟然不知不觉地在躺椅上睡着了。朦胧中，白居易似乎看到一个身着桃花衫的女子袅袅走来，她对着白居易福了一福，白居易瞬间便觉得桃花香气逼人，惹人陶醉。只见，那女子说道：“可是白居士到此大林寺？”

白居易忙起身应道：“正是在下，不知姑娘是何许人也？怎也在这大林寺中。”

女子莞尔一笑，便如千朵万朵桃花开，美丽不可方物。她笑着说道：“小女子乃是寺前桃花林的桃花仙子，久仰白居士诗名，想要邀请白居士到我的桃花林一游，不知白居士意下如何？”

“仙子有如此美意，白某怎敢拒绝，但请仙子带路。”白居易马上恭敬地说道。

只见，桃花仙子轻拂双袖，一片桃花林便尽在眼中。真是满园桃色艳，始知春色尽啊！到处彩蝶纷飞，桃花飘洒，令人应接不暇，只恨不得多生一双眼睛，好多看几眼如此美丽的桃花。

白居易兴致盎然，走了一程又一程，却一直不觉得尽兴。正想回头问问仙子，桃花林方圆几里。却被坐在一旁的慧恩和尚推醒。

“白居易做了何等美梦，竟然含笑而眠？”慧恩和尚打趣道。

“呵呵，不过是南柯一梦罢了。不知此处是否有一片桃林？”白居易看向大林寺方丈问道。

大林寺方丈马上笑着说道："白居易莫不是梦见了桃花仙子？怎知此去不远，有一片桃林呢？"

白居易但笑不语，众人也不好多问，便引着白居易到了寺前的桃花林。白居易一看，果然花开数里，蜂蝶争飞，与自己梦中所见一模一样。顿时，白居易雅兴大发，当即找来纸笔，在桃花林旁边的大石头上题了"花径"两个字。之后，便挥毫了一首至今闻名的《大林寺桃花》：

人间四月芳菲尽，山寺桃花始盛开。
长恨春归无觅处，不知转入此中来。

后来，白居易所题的"花径"二字被后人刻在了石头上，他所写的《大林寺桃花》成为了脍炙人口的千古绝唱。据说，人们为了纪念白居士曾游过此地，还在石门的两侧，刻了一副对联："花开山寺，咏留诗人"。

正当白居易惬意地在庐山隐居的时候，一个噩耗传来：他的长兄白幼文骤然离世！听到此消息，白居易号啕大哭。两年前，自己的哥哥还来到江州看望自己，谁知，那次相见竟是永别！想到自己年少丧父，多亏了哥哥的照拂，才有此成就。如今，自己还没来得及与兄长相聚几日，竟然传来了兄长的噩耗。这让他情何以堪啊！

自收到大哥去世的消息后，白居易一直非常消沉，直到收到了弟弟白行简的家书，他的心才稍微回转了一些。他的弟弟白行简要来看望自己了。

第二年春天，他的弟弟白行简辗转来到了江州。兄弟见面，异常亲热，彼此闲话家常，想到大哥的离世，都悲痛不已。兄弟二人秉烛夜谈，直到很晚，才各自回房睡下。

第二日，白居易便带自己的弟弟白行简去参观了秀美非常的庐山，以及自己居住的庐山草堂。白居易告诉弟弟，他最喜欢的除了大林寺前的桃花林，便是庐山的桂树了。为了赞扬庐山的桂树，他还作了一首《庐山桂》：

偃蹇月中桂，结根依青天。
天风绕月起，吹子下人间。
飘零委何处，乃落匡庐山。
生为石上桂，叶如剪碧鲜。
枝干日长大，根荄日牢坚。
不归天上月，空老山中年。
庐山去咸阳，道里三四千。
无人为移植，得入上林园。
不及红花树，长栽温室前。

白行简在江州停留数日，兄弟二人游山玩水，好不尽兴。白居易有了兄弟白行简的陪伴，心情有了很大的好转。只是，让他没想到的是，另一个噩耗很快传来了：他在周至县的好友王质夫也离世了。

闻此噩耗，白居易悲伤异常。想到自己当初与王质夫的交情，又想到他对自己酿酒的指点，白居易只觉得恍如隔世。当晚，白居易亲自酿了一壶好酒。其实，他在渭水农村时，就已经酿出了好酒，本想寄给王质夫一坛。怎奈，那时家贫，没有资费。后来，辗转回京，却惨遭贬谪。来到江州之地，他本是戴罪之身，也未曾想到给王质夫再寄去一坛。他总以为，他们必定有再把酒言欢的一日。到时候，自己一定亲自酿一坛好酒，让王质夫喝个痛快！

谁知，世事无常。他还没来得及再次与王质夫相见，王质夫竟然就翩然而去了。这让白居易太难以接受了！酿好新酒之后，白居易便将新酒封坛，他想，等到再回周至，必将带此酒洒于王质夫坟前，以兑现自己当初的诺言。

知道哥哥心情不好，白行简便一直陪在哥哥身侧。白居易便打开了一坛自己亲自酿的好酒，和弟弟对月饮酒。虽然有弟弟的安慰，但是想到，当初游仙游寺时，王质夫非常有气度，想到好友竟然如此突然地离去，白居易的心情怎样也难易平静，最后他找来纸笔，写了一首《哭王质夫》：

仙游寺前别，别来十年余。
生别犹怏怏，死别复何如？
客从梓潼来，道君死不虚。
惊疑心未信，欲哭复踟蹰。
踟蹰寝门侧，声发涕亦俱。
衣上今日泪，箧中前月书。
怜君古人风，重有君子儒。
篇咏陶谢辈，风衿嵇阮徒。
出身既蹇屯，生世仍须臾。
诚知天至高，安得不一呼？
江南有毒蟒，江北有妖狐。
皆享千年寿，多于王质夫。
不知彼何德？不识此何辜？

看了哥哥写的《哭王质夫》，白行简也禁不住泪洒衣襟。他本打算早点离开，看到哥哥情绪这样不好，便决定在江州多陪哥哥一段时间。谁知，没过多久，白居易竟然接到了升迁的诏书。

公元819年，在宰相崔群的大力举荐之下，白居易提前结束了自己的江州生涯，被唐宪宗提拔为忠州刺史，不日上任。

收到朝廷的诏书，白居易的心情久久不能平静。江州的平静早已经深入到了白居易的内心。庐山草堂的清幽，也让白居易获得了内心的安宁。对于此次赴任，白居易的心情前所未有的复杂，因为他既想要在仕途上有所突破，却又厌倦官场的风起云涌。他既想在庐山草堂长期隐居，寻求内心的安宁，却又不甘心只做一个农夫老翁。

为此，在离开江州之前，白居易特意回自己的庐山草堂住了一晚。第二天，他看着自己的那三间草堂，更觉得依依不舍，最后便作诗一首来与自己的草堂告别：

三间茅舍向阳开，一带山泉绕舍回。
山色泉声莫惆怅，三年官满却归来。

他原以为自己任期期满之后，便会再回庐山草堂隐居。却不想这一去，便彻底割断了他与庐山的情缘。即使多年后他回到了庐山草堂，却也只住了一晚，第二天便匆匆而去。至此之后，白居易再也不曾回过庐山草堂，只空余了三间草堂，几首诗词供后人无限遐想而已。

升迁，与元稹不期而遇

抛却了庐山赋予他的一身清华，白居易便只余下了对这次升迁的满心欢喜。他吩咐家人马上收拾行装，与自己的弟弟白行简踏上了去忠州的路程。

虽然江州到忠州路途遥远，但白居易因为与弟弟相伴而行，两人一边赶路，一边游山玩水，多日来抑郁的心情得到了很大的缓解。美中不足的是，他们都尚有公务在身，再美的景色也只能是走马观花地欣赏。

这日，兄弟二人行至西陵峡。弟弟白行简被西陵峡的奇山异石所吸引，便提议上山游玩。白居易也是兴致盎然，虽然有公务在身，但是如此好景，怎能错过，便与弟弟白行简相偕登上了陡峭的山峰。

只见山峰之上，怪石嶙峋、悬崖峭壁，别有意境。正当兄弟二人各自陶醉时，一个异常熟悉的身影闯进了白居易的视线。来人正是白居易的好友——元稹。

同在西陵峡游玩的元稹也看见了白居易，四目一对，白居易眼泪就下来了，二人同时飞奔在一起，相拥而泣。

说起白居易被贬江州这段生涯，不得不提一个人就是元稹。因为在白居易被贬以前，元稹也被贬为了通州（四川达县）司马。真是一对难兄难弟。

元稹到达通州后，发现环境恶劣得几乎没法生存，于是便愁病缠身了。他是这样描述自己的境况的："饥摇困尾丧家狗，热暴枯鳞失水鱼"，意思就是我在通州无异于丧家犬和失去水的鱼，可见其的无奈与憋屈。长卧病榻上的人总是会疑神疑鬼，作为诗人的元稹当然也不例外了。他老觉得自己会病死在通州。于是，他无比颓废地写到："黄泉便是通州郡，渐入深泥渐到州。"大意就是，估计通州就是我元稹的黄泉路了，我恐怕很快就会病死在这个大泥潭里了。

想到自己的后事还没有安排，便提笔给尚在京城的白居易写信诉苦道：“通之地……大有虎、豹、蛇、虺之患，小有蟆蚋、浮尘、蜘蛛、蛒蜂之类，皆能钻啮肌肤，使人疮痏。夏多阴霪，秋为痢疟，地无医巫，药石万里，病者有百死一生之虑。”大意就是，通州的环境太恶劣了，我估计我很快就会病死在这里。

人一想到死，下一步难免就会想到安排自己的后事。元稹想到自己很快就会命不久已，又想到自己最宝贝的那些书稿，就开始辗转反侧了。为了让这些书稿得以保存，元稹特意将它们整理了出来。他数了数大约有二十卷。他决定在自己死前，把这些书稿寄给自己最好的朋友，尚在京城做官的白居易，让他替自己保管。

谁知道，信还没有寄出去，就传来了白居易被贬去江州也当司马的坏消息。元稹得到消息后，马上惊得从病榻上坐了起来。想到自己的好友也如同自己一样，因为得罪了宦官而惨遭贬谪，他马上提笔写了封信，安慰自己的好友：

残灯无焰影幢幢，此夕闻君谪九江。

垂死病中惊坐起，暗风吹雨入寒窗。

被贬为江州司马的白居易，没能第一时间收到好友元稹的安慰信，在去江州的路途上，到处寻找好友元稹的墨迹。原来，元稹好写诗，每到一个地方，便会写下一首诗。因为白居易被贬后所走的道路和好友元稹被贬所走的道路一样，所以，每到一个驿站，便开始寻找好友作的诗。

行到蓝桥驿以后，因为这里是长安通往河南、湖北的中途站，白居易知道好友元稹定会在此处留下墨迹，因此，一下马，他便在驿站的墙柱上望去。果然，好友元稹在正月回京时路过这里时的一首《西归》绝句正赫然写在墙柱上：

五年江上损容颜，今日春风到武关。

两纸京书临水读，小桃花树满商山。

看了好友的诗句，想到好友满腔热血地回京，准备一展抱负，最后却被贬谪，心里百感交集，便也提笔在边上写了一首《蓝桥驿见元九诗》，作为好友这首《西归》的附和：

蓝桥春雪君归日，秦岭秋风我去时。

每到驿亭先下马，循墙绕柱觅君诗。

大意就是，我每到一个驿站，就会到处寻找好朋友你的诗句。不仅如此，白居易在整个路途中，便一直在反复吟咏元稹的诗卷，好像这样便如同好友在侧。有时候，他看的眼睛都疼了，也不愿意停下来，为此他还写了一首寄给自己远在通州做司马的好友：

把君诗卷灯前读，诗尽灯残天未明。

眼痛灭灯犹暗坐，逆风吹浪打船声。

白居易到达江州之后，很快便收到了好友寄来的安慰诗。看到好友字里行间流露出的关心，白居易被深深感动了。想到好友尚在病痛之中，便如此关心自己，白居易便马上也写了一封信寄给元稹诉说自己的相思之情。

元稹收到信后，一看是白居易写的，还没有拆开，就开始大哭起来。元稹的小女儿看见父亲拿着一封信，竟然大哭起来，也吓得哭出声来。他的妻子也以为发生了什么大事，惊讶地问道："夫君，可是发生了什么大事，竟然如此大哭?"

元稹便告诉她说："夫人有所不知，我很少如此动情。只是因为收到了好友白居易的来信，才这样失态！倒是教夫人笑话了！"

元稹的夫人恍然大悟道："原来如此啊！我还以为夫君又遇到了什么大悲大喜之事呢。"

元稹与自己的妻子只寒暄了几句，就迫不及待地打开了白居易的来信。看了白居易的信件，元稹竟然哭得更厉害了。

妻子不解地问道："可是信里说了什么大事?"

元稹呜咽地说道："没有什么大事。白兄只是说通州的天气太过炎热，让我好好养病。还说要给我寄些轻透的衣服，让我莫要嫌薄，一定要好好穿着……"

"没想到，夫君跟白公子之间的情谊竟然这样深厚，真是让人羡慕啊！"元稹的夫人感慨道。

"我与白兄既为同僚又为知己……情谊自是十分深厚……"元稹也感慨道。

元稹拿着白居易的信看了许久，最后支撑着病体，给白居易写了一封回信，信中有诗云：

远信入门先有泪，妻惊女哭问何如。
寻常不省曾如此，应是江州司马书。

当远在江州的白居易收到元稹的信后，情绪十分激动，惊喜又惆怅。惊喜的是二人之间的真情厚意，惆怅的是两人都被贬谪，江州环境尚好，而自己又颇受江州刺史礼遇，好友却远在穷山恶水，自己想要帮助，却又鞭长莫及。

为了缓解好友的困境，几乎每一次与元稹通信，白居易总是会寄点江州的特产给元稹。夏天的时候，白居易怕通州的天气太热，好友元稹会受不住，不仅给元稹寄去了轻透的衣衫，还寄去了江州出产的凉席。白居易是这样对元稹夸赞江州的凉席的："滑如铺薤叶，冷似卧龙鳞。清润宜乘露，鲜华不受尘。通州炎瘴地，此物最关身。"

有一次，远在通州的元稹又接到了白居易的书信。白居易在信中附诗一首：

晨起临风一惆怅，通川湓水断相闻。
不知忆我因何事，昨夜三更梦见君。

看到这封信，元稹懊恼极了。因为自己已经到通州很长一段时间了，但是却一直没有梦见过好友白居易。难道是这里的环境太恶劣了，让自己竟然连自己的好友都梦不见。于是，元稹更加地有病呻吟起来：

山水万重书断绝，念君怜我梦相闻。
我今因病魂颠倒，惟梦闲人不梦君。

就这样，两个同时被贬的难兄难弟在这段时期，一直鸿雁传书，诉说着彼此的思念和境况。白居易这次升迁，本想给自己的好友修书一份，怎奈江州与忠州路途遥远，为了尽快赶路，便耽搁了给好友写信。没想到竟然在西陵峡遇到了自己的好友元稹，怎能不叫他激动呢。

白居易和元稹之间的深情厚谊是非同寻常的，这点，从他们在江州的书信里就可见一斑了。说起白居易和元稹之间的书信往来，不仅是在他们各自被贬的这段时间这样密切。在他们俩刚开始相交的时候，就已经这样密切了。

他们一起被封校书郎，一起读书，一起参加科考，又前后都因为得罪宦官被贬。被贬期间，他们二人相互鼓励，相互安慰，给彼此提供了不少的钱银衣物。

在白居易被唐宪宗重用的那段时期，白居易曾经提倡过《新乐府》诗体，元稹看了白居易的《新乐府》之后，马上就和了十九首。这十九首诗与白居易的《新乐府》颇有异曲同工之效，同样的通俗易懂，同样的关注时事，因此马上被人们合称为“元和体”。

二人可谓志趣相同，境遇相当，惺惺相惜之情，自是旁人难以比拟的。此次，二人相遇自是有说不完的话，诉不完的衷情。于是，白居易马上命人停船，准备与元稹小聚一场。

就这样，白居易和弟弟白行简、好友元稹当天便在一岩洞中置酒赋诗。三人闲话家常，白居易才知元稹也因为裴度的提携而得到升迁。元稹看见他们所在的溶洞奇特天然，便提议道：“吾人难相逢，斯境不易得，请各赋古调诗二十韵，书于石壁。”

白居易兄弟一听，觉得此意甚好，便都同意了。三人便都在溶洞的石壁上写了二十首诗。最后，由白居易作序，《序》尾言道“以吾三人始游，故为三游洞”。

三日之后，三人虽有千般不舍，却不得不挥手告别。白居易想到这一别，不知何时才能相见，禁不住落下了眼泪，元稹也是眼中含泪。二人紧紧握着彼此的双手，千言万语，竟然无语凝噎。

第六卷

归来，极盛时期急流勇退

他热血归来，却不想朝堂早已沦为宦官的玩物。宦官当道，他始终不曾攀附；党派之争，他总是力求中立；他本想在朝堂之中，为百姓争一番天地，却不想，大唐早已经一派颓废，哪里还有他的施展抱负之地。

忠州，大唐贤刺史

与好友元稹告别后，白居易满腹惆怅地来到忠州地界，然而刚到此处，白居易便被这里的贫瘠震惊了。白居易发现这个江边小城不仅房屋破烂不堪，竟然还没有马车行走的道路。这样的贫瘠之地，完全超出了白居易的想象。

这次来迎接白居易的是要卸任的刺史李景俭。白居易与他早在京城时，就已经有些交情了。白居易看到能与老友在此地相见，顿时兴奋不已，便作了一首《初到忠州赠李六》的诗送给李景俭：

好在天涯李使君，江头相见日黄昏。
吏人生梗都如鹿，市井疏芜只抵村。
一只兰船当驿路，百层石磴上州门。
更无平地堪行处，虚受朱轮五马恩。

不得不说，刚到忠州时，白居易是极其不适应的。这时候的白居易已经四十六岁。想到自己这样的年纪，还在这样的贫瘠之地，白居易虽然十分感伤，但是却也激发起了要为这一方贫瘠百姓造福的决心。

短暂的适应之后，白居易开始慢慢欣赏身边的环境，毕竟还有秀美的景色和滔滔的江水不是。于是，他满腹热情地开始了自己的刺史生涯。为了彻底改善忠州的贫瘠，白居易到处视察农耕状况，带头和百姓一起做农活，鼓励发展农业和养蚕。

为了带动大伙劳动的积极性，白居易亲自带领百姓务农，引导百姓开山辟路、植树造林。为了提高忠勇意识，白居易还倡导当地百姓学习本土忠义人士的精神。他的这些举措，极大地改善了官民关系，也极大地提高了百姓生产的热情。

有一天，白居易亲自去城内巡逻。那时候，正值中午时间，他走了半天路，肚子有点饿了，便打算和两个随从到一烤饼店吃饭。

谁知道，还没走到店里，便看到一位白发苍苍的老者光着双脚在寒风中瑟瑟发抖。白居易忙命令身边的一个随从，买双鞋给那位老者。

结果那个随从听了，马上劝道："大人啊，您帮得了一个，还能帮得了全城的人啊？这样做也没有什么用啊！还浪费钱银！您还是别管了！"

白居易听了以后，很不高兴，他把脸往下一沉，严肃地说道："我们吃的是朝廷的俸禄，朝廷的俸禄是百姓缴纳的，我们怎么能吃着老百姓的饭，却不为百姓着想呢？即使帮不了全城的人，我作为一方的父母官，也要尽最大努力去帮更多的人！"

那个随从听了之后，马上变得面红耳赤的，最后忙点着头，说道：“大人说得是！大人真是一个为民着想的好官啊！我马上就去买！”

白居易一直等到自己的随从给那个老者穿上鞋后，才满意地转到了那家烧饼店里。

到了店里，白居易便发现这个小店很是冷清，只有夫妻两人在照看生意，白居易一边吃一边打量夫妻俩，他发现夫妻俩都面带愁容，好像有什么发愁的事情。

白居易想要了解当地的民俗风情，便对小伙子说：“小二，我刚到此地，还不熟悉民情，你可知咱们这边的民风？”

“大人，咱们忠州虽然贫穷，但是民风却十分淳朴！”小伙子见白居易问他，便恭敬地说道。

“是吗？小二啊，这时候正是饭点，为何店内这么冷清呢？”白居易随意地问道。

小二听了十分感慨，无奈地说道：“我们这个小店本来是祖传的烧饼店，做烧饼本来都是使用的祖传秘方。店内的生意在我们接手前也甚是红火。只是，到了我们夫妻俩，父母早逝，祖传手艺也没学多少，所以店内的生意才这样萧条了……”

他停了停，接着说道：“这样下去，估计很快我们这个小店也就要关门了！哎……没了这个小店，我们一家可怎么过啊……”

白居易闻听此言，也有点担忧，毕竟本地生活本身就苦，又没什么别的手艺，一旦这个小店关了门，估计他们很快就会面临生存的困境。

再三考虑下，白居易决定把京城烤饼的一些方法告诉他，看看是不是有所帮助。于是，白居易便手把手地把自己在京城看到的烧烤方法告诉了夫妻俩。夫妻俩结合家里的祖传方法，便做出了当地有名的小吃“香山蜜饼”。

这两件事情瞬间就传遍了忠州，百姓也对这位“公仆”式的父母官倍加喜爱。自从白居易来到忠州后，忠州地界一直风调雨顺，眼看就要迎来大大丰收，百姓更是感觉白居易就是上天派来的造福者。

和乡亲们打成一片的白居易还非常重视忠州的教育，他抽空就去书院视察、授课，尽力地去帮助当地人读书识字。由于当地人很早就闻听白居易大名，有很多当地的文人雅士探讨和习作民间诗歌，更有人不远百里以外前来拜访学习，有时交谈兴起可谈至深夜，在此也交了很多很有才华的朋友。

白居易也很喜欢当地的花草树木，他发现忠州的荔枝和木莲别有风味。尤其是每到荔枝成熟时，那漂亮的颜色，那晶莹剔透的果肉，让他这个父母官都垂涎三尺。为了在自己离任后，还能看到如此美丽的果品，白居易还命人画了一幅荔枝图，自己亲手作序，这就是著名的《荔枝图序》。

在忠州的东边有一片荒地，白居易看到这个荒坡光秃秃的，格外杂乱，便打算在这个地方种些花草。于是，他便带领自己的随从，亲手在此地种下了无数的花草。他期望，明年的春天，能在此地看到一片花海。

白居易还经常拿出自己的俸禄请府吏和州民在衙前观赏歌舞，老百姓每次都兴高采烈地来欣赏，颇有一派“蛮鼓声坎坎，巴女舞蹲蹲”的盛事场景。

白居易似乎完全融合在了当地的民俗文化中，与忠州的老百姓亲如一家，到处都是一副其乐融融的景象。

在任期间白居易很是尽职尽责，并给自己安排了大量的工作，常常因民生之计半夜不能眠。因此，他刚到忠州短短一年，忠州的民生就取得了明显的效果。

那连马车都不能行走的小路，在白居易的带领下，已经修成了通畅的大路。那曾经荒凉的山坡已经变得姹紫嫣红，果实累累。那原本朴实的人们，也都变得更加有知识、有文化。

忠州的百姓对白居易的敬爱和崇拜也达到了一个别人不可企及的地步，白居易的这些功绩传到京城后，引起了唐宪宗极大的关注。唐宪宗见白居易取得了这样的功绩，也是开心非常。他一高兴，便大笔一挥，封给了白居易一个“大唐贤刺史”的称呼。

接到唐宪宗的封赏，白居易受宠若惊。他想，一定要好好做官，更加关注民生，以报答唐宪宗对自己的知遇之恩。

但是，让人没有想到的是白居易还来不及报答唐宪宗的恩情，唐宪宗就驾崩了。接到这个消息，白居易伤心极了，他马上在忠州设立了灵堂，率全部官吏祭奠，他还为唐宪宗守了三天的灵，这三天，他只是跪在灵堂痛哭流涕，连政务也没有处理。

唐宪宗驾崩后，白居易对朝堂的局势十分关心。怎奈，忠州离长安路途遥远，他想要打探消息，也不太容易。正当他一筹莫展时，他接到了朝廷招他回长安的诏书。

当接到赦还京师的诏命时，白居易的心情是复杂的，因为他本是太子的先生，如今登基的却不是当朝太子，而是唐宪宗的第三子李恒。此次进长安，他也不知道会面临多少的腥风血雨。

而且在忠州待的时间长了，他已经深深迷上这片并不富裕的土地了。这里虽然有点穷苦，但是他的心情却是前所未有的舒畅和开心。这里没有官场上的勾心斗角，有的只是人们真诚的笑脸，漫山遍野的丰收硕果。

每当晚上，他站在窗前，仰望万里长空，总是想如果能够一直在此终老，也不失为一个好的选择。但是，朝廷的诏书已下，他即使有千般不舍，万般不愿，也不得不踏上了回长安的路程。

临走之时，白居易总感觉自己在忠州做得太少了，有愧于百姓对自己的期望。而且他这一走，也不知道百姓们以后的生活会变成什么样子，于是，他写了一封信留给接任的刺史。

在信中，他千叮嘱万嘱咐地写到："我在此有很多的不舍呀，但又不得不离开，这里一草一木、一山一水都是有感情的，在此为官一定要善待百姓，本来想为这片土地贡献自己的一腔热血，谁知这么快就要分别了……"

新接任的刺史被白居易的一番话说得有点感动，也给白居易回了一封信。信中写到："白大人说的极是啊，我早就闻听白大人爱民如子，今日一见，果真如此。您放心地回长安吧！我在此为官会谨记大人教诲，绝不会亏待忠州的百姓的。"

白居易临别之时，又登上了忠州的山坡。他看着郁郁葱葱的山坡，还有那些自己亲手栽植的树木，不舍之情油然而生。等到他行到东坡时，更是被眼前的景色所震撼了。想当初，他初到此山坡，满目苍凉，而今，那些自己亲手种植的花草早已经是一片花海，姹紫嫣红，见之忘俗，如入仙境。

想到这一别也许再也见不到这些自己亲手栽的果树、培植的花草，白居易感慨万千。挥毫写下了一首《别种东坡花树两绝》：

三年留滞在江城，草树禽鱼尽有情。
何处殷勤重回首？东坡桃李种新成。
花林好住莫憔悴，春至但知依旧春。
楼上明年新太守，不妨还是爱花人。

白居易在忠州仅仅任了一年多的刺史，但却留下了一百多首咏叹忠州的诗句，可见其对忠州的感情之深。多年后，即使白居易置身在喧嚣繁华的长安城，也时常想念与自己有着不解之缘的忠州，深情地写下了一首《西省对花忆忠州》：

每看阙下丹青树，不忘天边锦绣林。
西掖垣中今日眼，南宾楼上去年心。
花含春意无分别，物感人情有浅深。
最忆东坡红烂熳，野桃山杏水林檎。

居高位，不改初心

离开忠州之后，白居易快马加鞭地回到长安。这时候，他才知道如今的朝堂早已经不是当初的朝堂。因为这时候的朝堂早已经是宦官的天下。

这还得从唐宪宗的死说起。唐宪宗作为大唐的中兴之主，还是有过一段廉政时期的，不过后期的他却十分昏庸，任用宦官，迷信长生不老之说。最后，他还罢掉了著名的贤相裴度，任用了昏庸的皇甫镈。皇甫镈为了讨好唐宪宗，马上给他推荐了一个专门研究丹药的术士——柳泌。

很快，柳泌便得到了唐宪宗的宠爱。他研究了大量的丹药给唐宪宗服用，在这些丹药的控制下，唐宪宗很快便变得暴躁易怒起来。他经常斥责或诛杀左右的宦官。那些宦官见唐宪宗成了这副模样，便开始策划谋权篡位。

当时的宦官集团分了两派，一派是吐突承璀，他主张立李恽为太子，另一派则是梁守谦、王守澄，他们想要拥护李恒为太子。两派之间的争斗不断，朝堂一片混乱，但当时的唐宪宗却一门心思地想要长生不老，最终导致了惨剧的发生。

公元 820 年，一天晚上，拥立李恒的宦官王守澄、陈弘志等为了抢占先机，擅自潜入了唐宪宗的寝宫，杀死了唐宪宗，之后便守住了唐宪宗的寝宫门，防止朝臣入内，对外声称唐宪宗因误服丹石，毒发暴崩了。他们还假传圣旨，命唐宪宗第三子李恒登基，并立即刺杀了拥立李恽为太子的吐突承璀。

可怜堂堂的大唐帝王、中兴之主，竟然被一群宦官杀死了。自此之后，大唐王朝完全进入了宦官当家的时期。几乎每一代帝王的废立都完全由宦官所操纵，这样的朝局、这样的时代，哪里还有什么兴盛的前景。

想当初，唐太宗建立的大唐王朝多么鼎盛繁荣，甚至到了四海称臣的地步。当时的朝局又是如何的清明，百姓又是如何的富足。而如今，藩镇割据，战火连天，朝局混乱，宦官当政，整个大唐彻底地进入了颓然之势。

在现在这样混乱的朝局中，白居易即使还有当初的热血之情，哪里还会有什么更好的结果呢。

但是，新官上任三把火。刚上任的唐穆宗为了稳定朝局，需要大量人才，白居易很快便得到了重用。公元821年，白居易先是被充任重考订科目官，之后便被晋升为主客郎中知制诏。主客郎中知制诏主要负责为皇帝拟写圣旨。

这年，朝廷再次举行科举考试。这场考试的主考官是礼部侍郎钱徽、右补阙杨汝士。考试之前，四川节度使段文昌向主考官礼部侍郎钱徽推荐了杨浑之，说此人才高八斗，一定要录用。翰林学士李绅也向主考官礼部侍郎钱徽推荐了周汉宾，说此人是个可用之才，一定不能错过。

结果，主考官礼部侍郎钱徽谁的话也没听，完全按照自己的想法选拔了人才。很快到了放榜之日，杨浑之和周汉宾满怀希望地去找自己的名字。结果发现，他们二人全部落榜了。二人十分不甘心，于是纷纷去找自己的举荐人。举荐人看到竟然是这种结果，马上就不高兴了，这个钱徽也太不识好歹了啊！

段文昌马上看了中榜的进士名单，发现中书舍人李宗闵的女婿苏巢、杨汝士的弟弟殷士、宰相裴度的儿子裴撰都被录取了，更加不高兴了！

于是，他马上向穆宗举报道："皇上啊，此次考试太不公平了！有人徇私舞弊啊！您一定要彻查啊！被录取的苏巢是中书舍人李宗闵的女婿、殷士是杨汝士的弟弟、裴撰是宰相裴度的儿子，这样的录取怎么能让人心服口服呢？"

唐穆宗听了，大吃一惊。他想自己刚刚登基，这些人就如此徇私舞弊，真是太不把自己当回事了。于是，他马上询问了翰林学士李德裕、元稹、李绅："三位爱卿啊，段文昌向朕举报此次科考存在徇私舞弊的现象，你们三人怎么看呢？"

李绅第一个跳出来说道："陛下啊！你真是明察秋毫啊！此次科举真是太不公平了！您一定要彻查此事啊！"

李德裕和元稹也马上附和道："陛下啊，确有此事，此事一定要彻查啊！"

说起元稹，此时的他早已经飞黄腾达了。唐穆宗登基以后，对元稹青睐有加，他的仕途现在比白居易还要顺畅啊。

唐穆宗见自己的三位爱卿都说科考舞弊乃是实情，便马上取消了第一次录取的十四人，又准备了新的考试，结果可想而知，只有三人勉强及第。唐宪宗看了这次的结果，发现上次科考果真存在徇私舞弊的现象，登时大怒。盛怒之下，原来的主考官钱徽，还有涉嫌贿赂考官的李宗闵、杨汝士全部被贬。

白居易知道此事后，马上写了一封《论重考科目人状》：

> 臣等奉中书门下牒，称奉进旨，令臣等重考定闻奏者。臣等窃有所见，不敢不奏。伏以今年吏部科第不寘考官，唯遣尚书、侍郎二人考试。吏部事至繁剧，考送固难精详，所送文书，未免瑕病，臣等若苦考覆，退者必多。韩皋累朝旧臣，伏料陛下不能以小事致责。臣等又以朝廷所设科目，虽限文字，其间收采，兼取人材。今吏部只送十人，数且非广，其中更重黜落，亦恐事体不宏。以臣所见，兼请不考，已得者不妨侥幸，不得者所胜无多，贵收人材，务存大体。伏乞以臣等此状宣付宰臣，重赐裁量。伏听进旨。

大意就是：皇上啊，此次复试，那些考生就如同囚犯一样，怎么能发挥正常呢？在这样严格的情况下，考生们都战战兢兢，那些上次考中的考生这次落榜也是情有可原的。这些人毕竟是国家的栋梁之才啊！以后还要报效国家的啊！陛下，您一定要三思啊！一定要从轻发落这些落榜的考生啊！

然而，唐穆宗看了白居易的奏章，却不以为然。他看了一眼，便扔到了一旁，就当自己没看见。这次科考之后，李德裕和李宗闵之间的私人恩怨越积越深，几乎到了互不相容的地步。

白居易经过此事后，也明白如今的朝廷早已经没有了自己的发言权。于是，他没再参加任何党派之争，仅仅只是关心朝廷大事，其余的事情全不参与。这样的明哲保身，恰恰是他能稳居朝堂的救命草。

果然，第二年夏天，白居易又被加封为朝散大夫。他的妻子杨氏也被加封为弘农郡君，对于自己的这次晋升，白居易是没有一点兴奋之情的。他无比惆怅地写了一首《妻初授邑号告身》：

弘农旧县授新封，钿轴金泥诰一通。
我转官阶常自愧，君加邑号有何功。
花笺印了排窠湿，锦褾装来耀手红。
倚得身名便慵堕，日高犹睡绿窗中。

大意就是，我获得封赏尚且觉得无地自容，更何况我的妻子呢?!我的妻子也没有什么功劳，授予这样的官衔，不过让她变得越发懒散了而已。可见，白居易对于自己和妻子这次获得的封赏完全是没有丝毫喜悦之情的。而是觉得，自己和妻子对于朝廷都没什么贡献，受之有愧啊！

他与元稹的关系，也因为元稹参加了朝廷的党派之争有所疏远了，元稹已经完全陷进去了，而自己却已经萌生了退意。他们之间对于朝政的很多看法已经截然不同了，元稹与自己的学生牛僧孺可以说的上是死对头了。

白居易在唐宪宗在位时的科考事件中，结识了牛僧孺，牛僧孺因为受过白居易的指点，一直以白居易的学生自居。牛僧孺和元稹，一个是自己最得意的学生，一个是自己最相濡以沫的朋友，二人相争，白居易根本不知道要站在哪一方，除了保持中立，就是退出当时的朝局。为此，白居易非常愁苦。

一天晚上，白居易与妻子杨氏诉苦道："如今朝局混乱，为夫真的不知何去何从啊！"

杨氏见丈夫升官之后，反而更加惆怅了，便建议道："夫君，朝堂之上的事情，妾也不清楚。你如此愁苦，不如向我的哥哥杨虞卿诉说一下？哥哥也是官场中人，没准有什么好的意见呢！"

白居易听了之后，摇摇头，没有轻松一点，反而变得比之前更加惆怅了。他对自己的妻子说道："哎……如今，杨兄也已经参与到了党派之争，只怕再也给不了我好的指点了！"

杨氏听了大吃一惊，她惶恐地说道："我哥哥竟然也参与了党派之争吗？我哥哥在穆宗即位后，不是还写了谏书，劝陛下不要过度放纵游乐吗？"

白居易愁苦地说道："是啊，杨兄对朝廷的一片赤诚之心并没有改变，只是如今朝局动荡，党派之争严重，杨兄也不免陷入了其中的争斗啊！而我的好友元稹与他现如今正是死对头啊！"

杨氏听了以后，也非常愁苦，她说道："没想到，如今的朝局竟然变成了现在的模样……”

“是啊！我最得意的门生牛僧孺也和元稹形成了对立。我站在中间，实在是举步维艰啊！”白居易说道。

“若是如此，我们不如远离朝堂吧，参与这些争斗，于我们可是没有丝毫好处的啊！”杨氏说道。

“没想到，夫人竟有如此高见啊！”白居易笑着说道。

“哪里有什么高见啊！只是我一个女人家，自然喜欢安安逸逸地过日子罢了。”杨氏回道。

当晚，夫妻二人相对无言，对于升迁的事情，杨氏也完全失去了当初的喜悦。

朝堂，何尝不是战场

说起白居易所在的朝堂不得不提起的就是牛李党争。白居易历仕德、顺、宪、穆、敬、文、武七个皇帝，牛李党争却历经了德、顺、宪、穆、敬、文、武、宣八个皇帝。直到白居易去世多年，大唐王朝的牛李党争都没有结束，可见，这场牛李党争对于大唐王朝来说，有着怎样的影响力。

白居易与两党派的中心人物也有着千丝万缕的联系，虽然他一直力图不参与任何一派，却还是难以避免地被卷入其中。科考复试案之后，李宗闵和李德裕的仇恨加深，加上这时双方都已经形成相对固定的利益集团，因此两个党派的争斗也正式拉开了的帷幕。

先说，白居易的至交好友元稹。因为在穆宗皇帝还没有登基之前，就经常听到自己的妃嫔及左右侍从诵唱元稹的诗歌，因此对元稹十分熟悉，只是一直未曾相见。

穆宗登基之后，元稹的爱慕者、作为宦官的荆南监军崔潭峻把元稹写的《连昌宫词》等百余篇诗歌献给穆宗，穆宗看见元稹的诗歌大喜，便忙问：“爱卿啊，朕还是太子的时候，就知道这个才子啊！只是不知道此人现在何处。”

荆南监军崔潭峻马上答道：“陛下，此人远在天边，近在眼前啊！元稹正在京城，现为南宫散郎。”

穆宗听了之后，马上下诏调元稹为祠部郎中、知制诰。因为元稹是宦官举荐，又是被穆宗破格录用的，但并未经相府裁夺，因此当时的宰相裴度对此颇为不满。但是诏书已下，裴度也没有办法。其实，裴度和元稹都是出自裴垍门下，但最后却因为权力的相争，走到了对立面。同样颇受裴垍恩惠的白居易则彻底夹在了两人的争斗之中，左右为难。

元稹被穆宗提拔后，备受皇帝宠幸。穆宗认为元稹的文章之美可与古人相比并，一时之间，元稹的名声大震。后元稹为了迎合唐穆宗作《长庆宫辞》数十百篇，京师竞相传唱，轰动一时。

唐穆宗看了《长庆宫辞》之后，对元稹更加器重，马上把元稹召入翰林，授中书舍人、承旨学士。朝中的宦官们因为崔潭峻十分看重元稹，于是争相与元稹交好。当时颇受穆宗宠爱的知枢密魏弘简与元稹最为交好，在魏弘简的提拔下，穆宗越发看中元稹了。元稹也俨然成了朝廷的新贵，有一举夺相之势。

因重考案被贬为河东节度使的裴度看到元稹得势非常不满，他本就看不起宦官干政，见元稹与宦官们串通一气，便再三上疏，言辞激烈地说道：“陛下，元稹此人与宦官魏弘简相互勾结，意图扰乱朝政，您一定不能偏听偏信啊！你一定不能重用元稹，否则整个朝堂将陷入一片混乱之中啊！”

唐穆宗看了裴度的奏折，十分不以为然，但是他顾及朝内外的舆论，还是罢免了元稹的朝内职务，授以工部侍郎。他虽然罢免了元稹，但是内心还是十分喜欢元稹的。因此，公元822年，唐穆宗再次提拔元稹为平章事。

因为元稹亲近宦官，下诏之日，朝野的官员都对他此次晋升十分轻视，觉得此人趋炎附势，实乃奸臣。但是，元稹却不以为然，他一心想要在仕途上有所突破，早已经顾不了那么多了。他的好友白居易看到好友现今的情况，也不知如何是好。

他们二人本来情意深厚，无话不谈。但是，这次回京之后，元稹与宦官关系密切，白居易本来多次劝道，但是元稹早已经被滔天的富贵迷了眼睛，对于白居易的劝告，总是充耳不闻，有时候甚至颇为不耐烦。

时间一长，白居易就完全沉默了。他怎么也不愿意为了这些事情和自己的好友彻底决裂。元稹自从得势后，对白居易也是颇为维护，千方百计地想要把好友白居易拉到自己的战营。但是无奈白居易始终处在中立状态，不愿意参与朝廷的党派之争。元稹也不愿意为了这些事情，与好友决裂。只是彼此之间还是有一些隔阂，再也不像当初一样，推心置腹，无话不谈。

公元822年，李逢吉被唐穆宗封为宰相。李逢吉为人奸诈狡猾，为了稳固自己的宰相地位，他玩弄权术，使整个朝堂都陷入了一片纷争之中。因为李逢吉与李吉甫、李德裕父子不和，因此他大力扶植那些科举入仕的进士，打击李吉甫、李德裕父子。

他先是使用诡计，让朝廷颇有实权的李绅与裴度身边的小诸葛韩愈相争，然后顺利罢去了李绅的翰林学士之位。之后，又利用元稹手下的宾客于方在元稹和裴度之间制造了一起事端，最终导致元稹和裴度双双罢相。

元稹被贬为同州刺史，裴度则被贬为仆射。有些谏官看见唐穆宗对裴度的惩罚要比元稹严重，便上疏唐穆宗，说对裴度的处罚太重，对元稹的处罚太轻，不足以服众。但是，唐穆宗本就怜惜元稹，因此对此充耳不闻，只是象征性地削去了元稹的长春宫使。

元稹离京之时，朝堂之中去送别的人少之又少，只有白居易顾念彼此的情意，依旧去送行。看到好友白居易来为自己送行，元稹感动不已。

“白兄，没想到我元稹落魄之日，还有你送行啊！你要相信小弟啊！小弟虽然与裴度不和，但是绝不会拙劣到派人去刺杀他啊！”

自从此事发生后，白居易寝食难安。他夹在裴度和元稹之间，压根不知道到底该去帮谁。但从他内心，他是极其相信元稹的，他知道元稹虽然被富贵迷了眼，但是绝对干不出刺杀这样的龌龊之事。只是，他人微言轻，不知道要怎么在元稹和裴度之间求得平衡。

见元稹如此失落，白居易马上劝道：“元老弟，仕途之事你又何必如此计较呢？你本来身体就不好，千万不要为了这些事而再伤了身体啊！”

听到白居易这样关心自己，想到当初二人同时被贬时的情意，元稹马上说道：“白兄，你放心。小弟自当珍重！现在我真羡慕白兄，竟然早已经把仕途之事抛之脑后，内心竟然如此平和安宁啊！”

白居易笑道：“我在庐山之时，本已经有心皈依佛门，只是一直机缘不到。我想，若是将来与我佛有缘，我便脱去这一身绯衣，归于佛堂之所，亦是为兄的心之所向啊！”

元稹虽然知道白居易一直在朝廷之中处于中立状态，对朝廷之事也不像当初那般热切，但是没想到白居易竟然萌生了如此强烈的退意，他隐约觉得白居易或许早已想好了以后的退路，他与自己在朝堂上的看法，果真已经有了天壤之别。

“白兄，没想到你竟然早已经萌生了退意！想当初，你我同为校书郎，何等意气风发。我们都曾经以兼济天下为己任，如今，你怎会如此颓废呢？”元稹不甘心地说道。

“哈哈……元老弟，此时的朝局，以我微小之力，又怎么会扭转呢？我早已经不想什么兼济天下了，如今只要能独善其身，我心已足矣啊！”白居易平静地说道。

元稹呐呐地看着白居易，竟然相对无言。他想要再劝几句，可是看到白居易清风霁月般的洒脱，只觉得一腔话语，都梗在了喉中。白居易说的何尝不是事实，只是自己早已经被富贵迷了眼睛，已经从仕途的沼泽中彻底拔不出来了。

白居易见元稹如鲠在喉，知道他还有心劝自己，便说道：“元老弟，无需多言。为兄主意已定，只等合适的时机，为兄自会好好为自己打算的。你不要挂念于我。老弟此去，一定要多加保重！千万要注意身体啊！”

送走元稹后，白居易感慨良多。他何尝没有一番报国热情啊！只是，如今的朝廷哪里还有让他兼济天下的土壤。他知道，若是不赶紧远离朝堂，恐怕自己很快便会成为下一个元稹。

清醒，自求外任

正当白居易对朝堂萌生退意的时候，他的弟弟白行简却得到了唐穆宗的重用，被封为左拾遗。得到弟弟升迁的消息，白居易是异常兴奋的。因为终于可以和自己的弟弟同朝为官了，这是他们白家兴起的象征啊！

自从弟弟担任左拾遗后，白居易每天都和弟弟一起上朝，兄弟俩有说有笑，气氛特别融洽。每次弟弟去上朝，白居易就嘱咐他说："行简啊！你现在是朝廷命官，一定要保持真诚忠厚的品行啊！做什么都要审时度势，量力而行……"

白行简自小就对哥哥白居易异常崇拜，听了哥哥的教诲，马上说道："哥哥，你放心。小弟一定会注意分寸的！"

看到弟弟虽然被封官，但是一直谦逊有礼，白居易便觉得异常欣慰。他想自己虽然已经萌生退意，但是在为官期间，也要给弟弟做个好榜样啊！

这年秋天，唐穆宗提拔田布为魏博节度使，派白居易去给田布宣旨。田布为了表示对白居易的感谢，便打算送五百匹绢给白居易做酬劳。但是，白居易却拒而不受。

唐穆宗听了这件事，就派人去劝说白居易："白大人啊！这是田大人的一番好意啊！你只管收下就好了，何必为了这点绢布伤了彼此之间的和气呢！"

白居易听了，说道："臣作为朝廷命官，拿着国家的俸禄，本该为朝廷鞠躬尽瘁。只是，臣一直为朝廷做的奉献太少了，臣时时为此感到愧疚。如今，臣什么贡献也没做，只是为陛下跑跑腿，又怎么能心安理得地收下这些绢布呢?”

唐穆宗的人听了之后，马上说道：“白大人，您太客气了！这怎么也是田大人的一番心意啊！您还是收下吧！不然，田大人也会觉得过意不去的啊!”

“公公，你此言差矣啊！田大人尚有家仇要报，此时正是他困难的时候啊！我们同朝为官，我不拿出点物资帮助他，就已经很说不过去了！又怎么能平白无故拿走他的俸禄呢！更何况，如果每个人去给田大人宣旨，都要收受报酬，长此以往，恐怕贼人未灭，田大人就要破产了啊!”白居易严肃地说道。

来人见白居易如此坚持，就觉得十分为难，说道：“白大人的一片苦心实在令人感动，只是我们回去怎么向陛下交代啊!”

白居易见来人竟然担心这些，马上笑着说道：“公公无需烦恼，您稍等片刻，我写一张奏折给陛下，陛下一定会体会臣的一片苦心的!”

于是，白居易马上回房，挥笔写了一封《让绢状》，让来人带了回去。唐穆宗看了白居易的《让绢状》，大受震撼。为他不谋私利、一心为国的精神所感动。他觉得白居易果然是国家的栋梁之才，值得重用。

这年十月，唐穆宗再次提升了白居易的官职，封他为中书舍人。白居易收到圣旨后，觉得受宠若惊。这两年内，他几乎无功于朝廷，但是却多次升迁，这是白居易怎么也不曾想到的。

随着官职的提升，他的俸禄也越来越多。这对一直过着清贫生活的白居易来说，简直就是暴富啊！白居易为官多年，在这个寸土寸金的长安也一直买不起自己的房子，但是这次回京仅两年，白居易居然就有闲钱买房置地了！白居易觉得这简直太不可思议了。他开始隐约明白，好友元稹为什么会有这么大的变化了。富贵迷人眼啊！

想到自己渭水丁忧时的穷苦，想到自己被贬江州时的落魄，再看到自己如今的显贵，白居易觉得就像做梦一样，于是，他无比感慨地给自己的好朋友写了一首诗：

冒宠已三迁，归朝始二年。
囊中贮余俸，园外买闲田。
狐兔同三径，蒿莱共一廛。
新园聊铲秽，旧屋且扶颠。
檐漏移倾瓦，梁欹换蠹椽。
平治绕台路，整顿近阶砖。
巷狭开容驾，墙低垒过肩。
门闾堪驻盖，堂室可铺筵。
丹凤楼当后，青龙寺在前。
市街尘不到，宫树影相连。
省吏嫌坊远，豪家笑地偏。
敢劳宾客访，或望子孙传。
不觅他人爱，唯将自性便。
等闲栽树木，随分占风烟。
逸致因心得，幽期遇境牵。
松声疑涧底，草色胜河边。
虚润冰销地，晴和日出天。

苔行滑如簟，莎坐软于绵。
帘每当山卷，帷多带月褰。
篱东花掩映，窗北竹婵娟。
迹慕青门隐，名惭紫禁仙。
假归思晚沐，朝去恋春眠。
拙薄才无取，疏慵职不专。
题墙书命笔，沽酒率分钱。
柏杵舂灵药，铜瓶漱暖泉。
炉香穿盖散，笼烛隔纱然。
陈室何曾扫，陶琴不要弦。
屏除俗事尽，养活道情全。
尚有妻孥累，犹为组绶缠。
终须抛爵禄，渐拟断腥膻。
大抵宗庄叟，私心事竺乾。
浮荣水划字，真谛火生莲。
梵部经十二，玄书字五千。
是非都付梦，语默不妨禅。
博士官犹冷，郎中病已痊。
多同僻处住，久结静中缘。
缓步携筇杖，徐吟展蜀笺。
老宜闲语话，闷忆好诗篇。
蛮榼来方泻，蒙茶到始煎。
无辞数相见，鬓发各苍然。

大意就是我两年之内三次升迁简直是受宠若惊啊！这两年的俸

禄猛增，我也有闲钱买房置地了。只是我在朝中一直闲来无事，唯有看看佛经。现在咱们年纪都大了，也没有什么别的追求了，只是经常回忆起那些好的诗篇啊……

可见，虽然白居易两年内多次升迁，但是对于富贵却一直淡然处之。他的内心深处，早已经厌倦了朝堂的争斗，只想有一片净土，可以让自己的心灵获得安宁。

这年冬天，又发生了一件让白居易感到十分失望的事情。与元稹交好的李景俭性情随意，十分喜欢喝酒。有一天，李景俭下朝之后便和同僚们去喝酒。谁知，这一次李景俭喝多了，便开始发酒疯。那些同僚们也喝得醉醺醺的，谁也没有阻止他。

只见李景俭醉醺醺地跑到了几个宰相的家里，不仅直呼其名，还指着他们的鼻子大骂。几位宰相被骂得莫名其妙、张口结舌，有一个气得差点晕过去。

第二天上朝后，几位宰相争相向唐穆宗告状。宰相王播，气愤地说道："陛下啊！这个李景俭简直太不成体统了！他竟然喝得醉醺醺地跑到臣等家中破口大骂！臣等乃陛下钦点的宰相啊！被他如此辱骂，颜面何存啊！更何况，他这是对陛下的不满、这是对皇权的大不敬啊！"

另一个被骂的宰相，也马上接口道："是啊！陛下，此人这是对您的不满啊！他如今敢在光天化日之下辱骂当朝宰相，以后喝醉了难保不会对您不敬啊！您一定要严惩这种行为，才能确保朝廷的清明啊！"

唐穆宗听到李景俭如此荒唐，早已经火冒三丈，马上说道："真是岂有此理！他李景俭身为朝廷命官，竟然如此荒唐！一定要施以严惩!”

听到唐穆宗的话，另一个一直没开口说话的宰相崔植马上接口道:“陛下，李景俭虽然可恨!但是那些与他喝酒的同僚也难辞其咎啊!他敢到臣等家中大骂，一定是受了他们的怂恿啊!陛下，您一定不能姑息养奸啊!一定要对这些人施以严惩!这样才能维护皇家的尊严啊!”

唐穆宗听了之后，深以为意，把李景俭贬为楚州刺史，而跟他喝酒的那些同僚也都被贬谪了。白居易知道此事后，觉得这样的惩罚未免太重。李景俭固然有错，但是株连到所有喝酒的同僚，不免有些小题大做。于是，他马上递上了一个折子，希望唐穆宗对这些人从轻发落。

但是，没想到唐穆宗竟然对他的提议置之不理，依旧把所有的人都贬了官。对于唐穆宗的一意孤行，白居易失望极了，但是却无可奈何。他渐渐明白，唐穆宗虽然重用自己，但是却不肯听取自己的意见，自己不过是一可有可无的人。对于朝堂上的大事，他是没有参与权的。即使是自己说得再有道理，唐穆宗也不会采纳的。

这种认知，让白居易开始更加无所适从起来。他觉得在京城做官没有任何实际意义。他开始清醒地认识到，即使没有党派之争，唐穆宗也不是个贤君圣主啊!白居易突然发现，大唐的盛世天下已去啊!以后的唐王朝会马上衰败下去啊!即使他再有心力，这种颓势也已经无法扭转了!

不久，河北一方的战事更加紧张起来。白居易本以为对战事，唐穆宗怎么也会上心一点，但唐穆宗沉迷在游猎宴会的欢乐中，早已经听不进任何朝政了。白居易对此心急如焚，连上三道奏折，却都遭到了冷遇。当时的宰相王播等人胆小如鼠，毫无深谋远虑，一味只知道主张求和，导致河北的大片土地全部沦入贼手，使已经归于中央统辖的河北再一次处在了半独立状态。

对此，白居易悲痛异常，有一种大厦将倾的危机感。

朝廷之间的党派之争也更加激烈起来。自从元稹和裴度双双罢相之后，就形成了李逢吉一家独大的情形。为了防止自己的死对头李德裕再次得权，李逢吉决定提拔与他关系密切的牛僧孺入朝为相，唐穆宗对于牛僧孺的印象还不错。

公元822年，牛僧孺入朝为相。看到自己的得意门生，入朝为相，白居易十分欣慰。自回京后，白居易多次进谏，却都被漠视，他已经对当时的朝政、对唐穆宗不抱任何希望了。

正当白居易把“自求外任”这件事提上日程时，又发生了一件让白居易百口莫辩的事情，这件事件的主人公就是享有盛誉的美女关盼盼。

别长安，轻装而行

关盼盼，徐州守帅张愔最宠爱的小妾，关盼盼本也是书香世家，大家闺秀。只可惜，她家道中落，才无奈地沦为了别人的一个小妾。

在关盼盼家还没有衰落的时候，那些徐州的青年才俊也是趋之若鹜的。关盼盼不仅有着天人之姿，还精通诗文歌律，更跳得一场好舞。每当关盼盼翩然起舞，那些徐州的青年才俊没有不垂涎三尺的。

可是，关盼盼家道中落后，那些青年才俊便都跑得没影了。谁愿意娶一个没有背景的女人为妻啊！要是湘灵也是有背景的书香门第，白母也就不会那样拼死拼活地反对了。

就在关盼盼要被家里卖到青楼的时候，年过半百的张愔出现了。张愔本就一直爱慕着关盼盼，只是那时候的关盼盼眼高于顶，还看不上他。现在，关家落魄了，他表现的机会就来了。他马上派人准备了厚重的礼品，到关家求娶。

关盼盼本是极不想与人为妾的，但是，事到如今，她只能委曲求全。她本以为张愔是个武官，不是怜香惜玉之人。但出乎她意料的是张愔虽然看着是个粗狂的武将，但是性格却温文尔雅，而且特别喜欢舞文弄墨。

婚后，二人琴瑟和鸣，十分恩爱。张愔不仅非常喜欢关盼盼所写的诗文，还对她的轻歌曼舞如痴如醉。关盼盼对张愔的温情暖意也是欢喜非常，觉得自己能嫁给张愔也是一种福气。这对老夫少妻，甜蜜浓浓，大有一种羡煞旁人的景象。

白居易任校书郎的时候，曾经来到徐州游玩。当时张愔正在镇守徐州，听到自己仰慕的大诗人来到自己的守地，欢喜非常，马上派人把白居易请到了家中。

关盼盼听到大诗人白居易的到来也是欢喜异常。要知道，她最喜欢的便是白居易的《长恨歌》了，她最拿手的舞曲除了京城最为流行的《霓裳羽衣曲》，便是白居易的《长恨歌》了。

这天，管乐丝弦，美酒佳肴，白居易和张愔谈得十分尽兴。酒酣之时，张愔的爱妾关盼盼便出来献舞了，她舞的便是白居易的《长恨歌》。一曲之后，白居易久久不能回神，以为是杨贵妃在世，非常震撼。当下便写了一句千古名句，赞美关盼盼的美貌和舞姿："醉娇胜不得，风袅牡丹花。"关盼盼也因为白居易的这句诗，更加芳香四溢。

只可惜，当时的张愔年岁已大，不久就病死在徐州。张愔死后，他的那些姬妾们都树倒猢狲散，只有关盼盼念及和张愔的深情厚谊，在与世隔绝的燕子楼为张愔守节。

燕子楼本是张愔生前特地为关盼盼兴建的一处别墅，该楼地处徐州西郊，楼前有一湾清澈的溪流，溪边遍植垂柳，可谓依山傍水，景色宜人。张愔在世时，时常与关盼盼在此地吟诗作赋，二人轻歌曼舞，谈情说爱。张愔去世后，关盼盼再也没有了当窗理云鬓、对镜贴花黄的心情，更别说翩翩起舞了。她每天都深居简出，只是偶尔登楼赋诗，感怀自己的爱人张愔。

白居易在得知张愔的死讯后，非常伤心。他听说张愔生前的姬妾除了关盼盼都已经四散而去，非常感慨，便提笔写下了一首《感故张仆射诸妓》：

黄金不惜买蛾眉，拣得如花四五枝。
歌舞教成心力尽，一朝身去不相随。

这首诗写完后，白居易也没有当回事，就收了起来。转眼过了十年，白居易已经身居高位，任中书舍人。一天，曾在张愔手下任职多年的司勋员外郎张仲素来到白居易家中拜访。

张仲素来之前，觉得关盼盼此人重情重义，又是张愔生前最宠爱的姬妾，更与白居易有过一宴之交。于是便写了几首关于关盼盼现状的诗给白居易。白居易听了张仲素对关盼盼的叙述，觉得关盼盼十分可怜，同情之心溢于言表，忙展开张仲素所写的《燕子楼新咏》诗三首品读：

其一

楼上残灯伴晓霜，独眠人起合欢床。

相思一夜情多少，地角天涯未是长。

其二

北邙松柏锁愁烟，燕子楼中思悄然。

自理剑履歌尘绝，红袖香消一十年。

其三

适看鸿雁洛阳回，又睹玄禽逼社来。

瑶琴玉箫无意绪，任从蛛网任从灰。

张仲素这三首诗，写尽了关盼盼在燕子楼的凄清孤单和相思无望的痛苦。白居易读完之后，想起当初做校书郎时，受到张愔和关盼盼的热情相待。那时候，他们夫妻恩爱，羡煞旁人，没想到如今过去了十年，已经是故人已去，空留佳人独憔悴。

白居易想到此处，不禁黯然神伤。他想到失去爱人的关盼盼已经是这样痛苦了。那在九泉下的张愔何尝不是形单影只，非常痛苦。于是，他便也写了三首诗来唱和张仲素的这三首诗：

其一

满窗明月满帘霜，被冷灯残拂卧床。

燕子楼中寒月夜，秋来只为一人长。

其二

钿带罗衫色似烟，几回欲起即潸然。

自从不舞霓裳曲，叠在空箱一十年。

其三

今春有客洛阳回，曾到尚书坟上来。

见说白杨堪作柱，争教红粉不成灰。

最后，白居易一激动，便想起了自己多年前写的一首纪念张愔的诗，于是便把那首《感故张仆射诸妓》也拿了出来，张仲素拿着这四首诗细细品读，非常感慨。

离别之际，白居易便把自己的这些诗句赠送给了张仲素，张仲素异常惆怅地把这些诗带回了徐州。很快，这些诗便在徐州传扬了起来。

听到这些诗句，关盼盼异常悲愤。自己苦守十年，没想到竟然得到了白居易这样的评价。死何其容易啊，活着的人备受相思之苦才是煎熬啊！自那日起，关盼盼为了表示对丈夫的忠贞便开始绝食。白居易对此事却毫不知情，他本是写诗发一些感慨，又怎么会想到关盼盼会如此决绝呢。

七天之后，关盼盼绝食而死。死前，她写下了一句"儿童不识冲天物，漫把青泥汙雪毫"来讽刺白居易见识如同儿童一般，黑白不分！

在京城知道此事的白居易顿时觉得百口莫辩，他怎么也没想到自己的一时感慨竟然断送了鲜活的生命。他辗转反侧，饮食难安，觉得自己罪过太大了。

关盼盼的死，再加上当时朝堂的一片混乱，白居易只觉得对京城的生活非常厌倦。正在这时，他的得意门生、当朝宰相牛僧孺为他争取到了一个自己梦寐以求的外调令：唐穆宗任白居易为杭州刺史，即刻启程。

得到调令后，白居易的心情前所未有的轻松。他马上命人收拾行装，踏上了去杭州的路途。这一路他乘车走马，临水泛舟，写下了不少有名的诗句，其中一首，便是《暮江吟》：

一道残阳铺水中，半江瑟瑟半江红。
可怜九月初三夜，露似真珠月似弓。

因为此去杭州，要路过他曾经被贬的江州。于是受到了江州刺史的热情迎接。想到自己被贬江州时，他的顶头上司就曾经这样热烈地欢迎过自己，白居易对江州产生了不一样的情谊。他想起了自己在江州的清闲，想起了美丽险峻的庐山，更想起了自己曾经居住过的三间庐山草堂。

此时的江州刺史李勃更是他曾经的好友。二人相见，非常激动，把酒言欢，好不惬意。白居易更是提笔写了一首《重到江州感旧游题郡楼十一韵》：

掌纶知是忝，剖竹信为荣。
才薄官仍重，恩深责尚轻。
昔征从典午，今出自承明。
凤诏休挥翰，渔歌欲濯缨。
还乘小艖艓，却到古湓城。
醉客临江待，禅僧出郭迎。
青山满眼在，白发半头生。
又校三年老，何曾一事成。
重过萧寺宿，再上庾楼行。
云水新秋思，闾阎旧日情。
郡民犹认得，司马咏诗声。

二人畅聊了一会儿，白居易便提议要上庐山。李勃知道他是思念自己曾经的草堂，便欣然陪他前往。早年，李勃曾经与自己的哥哥李涉隐居在庐山的白鹿洞，并在这里开课讲学，吸引了很多学子前来。这次白居易回江州，他早就想好一定要带白居易去观赏一下自己的白鹿洞。

到了白鹿洞，白居易发现这里的先生正在授学讲课，本想坐下好好聆听。谁知，坐在高堂之上的先生，见白居易前来，便马上下座，请白居易为学子们讲上一课。

这些莘莘学子都曾听过白居易的大名，顿时情绪激昂，都想要一睹白居易的风采。白居易见大家如此热情，也不推辞，便欣然上座，侃侃而谈。一堂课下来，无论是讲课的先生，还是满堂的学子，无不真心叹服。

“白兄果然才高八斗！令我等真是非常敬佩啊！”李勃欣喜地说道。

“哈哈哈……李兄过奖了，小弟真是献丑了。”白居易谦逊地说道。

“白兄，何必如此谦逊啊。你的才名早已经名扬天下了，小弟以为，若干年后，你的名字将名留青史啊！”李勃恭维道。

“李兄这样说真是羞煞白某了，在下早已经皈依佛门，这些生前身后名，我早已不放在心上了……”白居易豁达地说道。

“白兄正当仕途的鼎盛时候，怎么会有如此一说呢？我还想让白兄为我这白鹿洞题上一诗呢……”李勃不解地说道。

“李兄，小弟还是有自知之明的。题诗之说，你就不要再提了，小弟过去虽有佳作，但是已经过去了数十载岁月，早已经没有了当初的才情……而今的我不过是一个一心向佛的老叟罢了……”白居易断然拒绝道。

见白居易如此，李勃也不好强求。出了白鹿洞，白居易便独自去了自己的庐山草堂，他对此地感情深厚，便打算在此地住宿一晚。当晚，白居易躺在草堂内，久久不能入睡……

第七卷

江南，浓墨重彩的涂抹

鼎盛时期，激流勇退，外任苏杭。在苏杭，他一心为民，修堤疏井，开塘修路，造福百姓，终于使得苏杭富甲一方，造就了无数的千古传奇……

杭州，西湖的一池风华

多年前，白居易被贬江州时，他仕途不顺，加之连丧两女，心情何等痛苦无奈，最后不得不诉诸神佛，在庐山草堂避世隐居，以获得心灵的救赎。

那日，他获得调往忠州的圣旨，本想以自己的忠言耿直，不久便会再次回到这庐山草堂，继续他的修行之路。但是，却不想一向看重自己的唐宪宗被宦官所杀，唐穆宗即位。他本以为自己算是原来太子的师傅，必将受到朝廷的排挤，不想却多次升迁。

想到回长安这两年，虽然日子过的也算荣华富贵，但是却无奈地卷入了朝堂的党派之争。唐穆宗虽然看重自己，但是却不善纳谏，只是一味地吃喝玩乐。而如今的朝堂也早已经不是当初的朝堂，更已经没有了忠臣义士的立足之地。不过是党派之间为了权力富贵的相互争斗罢了。

白居易想到自己已经年过半百，早已经没有了当初的一腔热情。如今又被时局消磨成了这个样子，只求能独善其身，不禁觉得事事无常。

如今，自己在这草堂之中，细细品味，只觉得曾经的一切如同过眼云烟一般在眼前闪过，几多欢喜，几多惆怅。他想或许这次杭州之行，将是自己最后的朝堂之旅了……

第二日，白居易向李勃告辞，马不停蹄地向杭州赶去。不得不说，杭州对于白居易而言，是具有特殊意义的。因为他两个最为落魄的时刻，都是在杭州这个城市度过的。

十二岁时，他独自一人背井离乡，便是到有人间天堂之称的苏杭。那时候的他，少年志气，意气风发，却人微言轻，寄人篱下，空有一身才华，却无以为继。当时的苏杭，虽然烟雨迷离，满目美景，但是白居易却没有欣赏的心情。

第二次来杭州，是为父守孝期满后，那时候的他，虽然年少成名，但是却没有功名傍身。父亲死后，家里债台高筑，白居易算得上身无分文，满身落魄，来到杭州不过是求自己的叔父，在仕途上帮助自己而已。可想而知，那时候的白居易，满心想的都是怎样应付那像救命稻草一样的科举考试，又哪里有什么闲情逸致，来欣赏西湖的那一池风华呢？

而此次，白居易再回杭州，是以杭州刺史的身份回来。杭州刺史可是杭州最大的地方官啊！这次再回杭州可谓是功名傍身，满身富贵，与前两次有着天壤之别。

到了杭州之后，白居易做的第一件事就是迫不及待地写了一封《杭州刺史谢上表》，感谢唐穆宗对自己的调任。之后，便马上开始着手整理杭州的政务，以期能造福杭州百姓。

唐朝的苏杭，不仅风景秀美，三秋桂子，十里荷塘，还有丰富物产，商铺林立，富甲一方。对于白居易来说，来当杭州刺史可谓是一个美差。因此，白居易到任后，除了整理日常事务外，便是到处欣赏杭州的物产风貌了。

提起杭州，必游的便是西湖了。自古以来，西湖依杭州而名，杭州仗西湖而盛，这两者可以说是互相依附存在的。天下西湖何其多，但是最美的非杭州西湖莫属。

无论是多年居住于西湖的人们，还是匆匆路过西湖的游人，只要见过西湖的，无不为西湖的美丽所倾倒。西湖的美，一年四季，春夏秋冬，无一不如诗如画。春，有十里桃花，有千里烟堤；夏，有片片荷塘，接天莲碧；秋，有三潭浸月，空蒙山色；冬，有雪映两堤，红梅疏影……

白居易来到杭州的时候，正是十月，桂花飘香的时节。此时的西湖，虽然没有十里桃花、片片荷塘的美景，却有一个足以媲美十里桃花、片片荷塘的官妓——商玲珑。

白居易第一次见商玲珑的时候，是被她空灵的箜篌所吸引，只觉得此人琴艺比自己的爱姬樊素还要略胜一筹。一见其人，更是惊为天人，欢喜不已。很快，商玲珑便成了白居易到西湖游玩的必见之人，白居易甚至还为商玲珑写了个新词牌“玲珑四犯”，被当时的人们广为传颂。

这一时期，白居易写了二百多首赞美杭州的诗句，对商玲珑也宠爱到了一定的地步。只可惜，商玲珑此人习惯了风花雪月，并没有像樊素般对白居易的一腔赤诚。

白居易到杭州不久，元稹也被调到了越州，封为越州刺史。因为到越州要经过杭州，元稹到杭州时，白居易便大张旗鼓地去迎接了，因为知道元稹也喜好风月，白居易特意带了商玲珑去给自己的好友助兴。

白居易和元稹这对好友一起落魄过，也一起富贵过，可谓肝胆相照。见好友来迎接自己，元稹也是非常欢喜。只是，因为他的夫人不愿意到越州来，两人一直在闹别扭，见到白居易的时候，不禁显得有点郁郁寡欢。

白居易一眼便看出了好友的心情不大好，于是马上问道："元老弟，你此次升迁，难道有什么心事不成，怎么这样郁郁寡欢，这可不像你的为人啊？"

"唉……说来话长啊，这不是你弟媳不想到越州来，跟我闹别扭呢……我们已经为此吵了一路了……"元稹无奈地说道。

"哈哈哈……没想到老弟是在为此事发愁啊！弟妹难道没见到你们此行的阵仗吗？就是当朝宰相夫人也不过如此威风啊！莫非弟媳对此还不满意吗？"白居易笑着说道。

"唉……就是如此也是不满意的，白兄可知，小弟为了劝服她，都已经快被逼得江郎才尽了啊！我都做了好几首诗安慰她了，但是依旧不见欢颜啊！"元稹惆怅地说道。

白居易知道元稹对自己的这位新妻子十分宠爱，便笑着问道："小弟做了哪些诗给弟媳呢？莫不是文笔太差，没有打动佳人，可否让大哥观摩一下啊？"

元稹见白居易如此打趣自己，也不恼怒，而是赶紧拿出了自己的大作，让白居易品读。白居易看见好友竟然随身带着诗稿，更是忍俊不禁，没想到自己的好友被妻子管得这样紧，看来此次带着商玲珑来，正好可以让好友轻松一番。

他笑着接过元稹的诗稿，只看了看题目，便笑了起来。那题目赫然是《初除浙东，妻有阻色，因以四韵晓之》，大意就是因为我到越州任职，夫人不高兴，所以我便写了一首诗劝服她。白居易接着往下看，更是啼笑皆非：

嫁时五月归巴地，今日双旌上越州。
兴庆首行千命妇，会稽旁带六诸侯。
海楼翡翠闲相逐，镜水鸳鸯暖共游。
我有主恩羞未报，君于此外更何求。

大意就是：当初你嫁给我时，咱们还在穷山恶水的地方待着，如今咱们就要去富饶一方的越州了，此去咱们是身带诰命，锦旗飘飘，十分受人尊敬和羡慕的。咱们能去这样的好地方，都是皇帝陛下的恩宠啊。为此，我报答陛下还来不及呢，你还闹什么别扭啊！

白居易看罢，把诗稿递给元稹，悄悄地说道："元老弟，不必惆怅，哥哥我这次给你带来了一个色艺俱佳的官妓，定能给你排忧解难！"

元稹知道白居易宠爱的樊素已经是个中翘楚，见白居易如此抬举一个官妓，便好奇地问道："比之你家的樊素如何？"

"有过之无不及！"白居易信心满满地说道。

当天，白居易热情地在一家酒楼为元稹接风洗尘。酒正酣时，商玲珑便出来弹箜篌。元稹一见商玲珑，顿时惊艳非常，马上对白居易说道："都说苏杭多美女，今日一见，果然如此。"

之后便痴痴迷迷地看着商玲珑，白居易见元稹对商玲珑如此痴迷，便马上说道：“元老弟要是喜欢的话，哥哥愿意割爱，你此次就带她去越州如何？”

听白居易如此一说，元稹马上清醒了起来，他摇着头说道：“大哥，此言差矣啊！小弟虽然不才，但是怎好夺大哥所爱呢！更何况，我有悍妻在身边，怎好带走呢……”

白居易见元稹如此说，便也打消了念头。二人推杯换盏，交谈甚是尽兴。元稹的眼睛却一直没有从商玲珑的身上移下来，这样的佳人尤物不能陪在自己身侧，真是遗憾啊！只可惜，这次是带了妻子上任，若是不然，非要带去自己的任所不可。

第二天，元稹启程去越州，白居易带着商玲珑前去送行。元稹看着商玲珑千娇百媚的样子，只觉得身子都要酥了。商玲珑早已经见惯了风月，对元稹的爱慕岂能不知。

白居易看他们二人眉目传情，便打算成全二人，便爽朗地笑着说道：“元老弟，你要是不舍，便带玲珑去吧。君子有成人之美，你我本是兄弟，何必如此客气！”

“唉……小弟也想带玲珑去，但是家有悍妻啊！这次来越州，她就已经不愿意了，如果我再带上玲珑，恐怕将有一场大战啊！”元稹无奈地说道。

“那老弟先去越州，等你安顿好了，若是你还心系玲珑，我便遣玲珑去陪你。”白居易说道。

见白居易如此慷慨，元稹也是感动异常，便感慨地说道：“白兄对小弟的一片赤诚，小弟感激不尽……”

“你我之间，怎还要如此客气！此去越州万事小心……”白居易依依不舍地说道。

元稹也依依不舍地与白居易和商玲珑告别。到了越州之后，元稹马上写了一首诗寄给白居易，但是却对商玲珑一事只字未提，只是写了一首诗才表达自己对白居易的情意：

莫言邻境易经过，彼此分符欲奈何。

垂老相逢渐难别，白头期限各无多。

修筑堤防，疏浚六井

公元823年，杭州大旱，多处田地干涸，老百姓的生活陷入了水深火热之中。白居易知道灾情后，马上到地方去体察民情，想要救民于水火之中。

这一日，白居易走到一处县衙，见县衙被百姓围得水泄不通，便也去围观。他着一身青衫，与普通老百姓无异。他挤进去之后，便打听到底什么事。

一个老者无奈地说道：“唉……自大旱以来，我们的田地都龟裂了，禾苗也都快枯死了，眼看就要颗粒无收，所以，来求求青天大老爷给放点西湖的水，救救这些庄稼……”

“看你们这阵势，莫非是县老爷不同意？”白居易问道。

“唉……你有所不知啊……这里的西湖里放养了很多名贵的鱼，那些放鱼的乡绅怎么也不愿意放水救田……”老者愁苦地说道。

白居易正想说话，便听见县衙里一片混乱，原来是县官和老百姓发生了争执。

只见一个老百姓大声地说道：“青天大老爷，百姓就将颗粒无收，您怎么还在关心那一池子鱼呢？你是老百姓的父母官，要为民做主啊！”

“哼！你们这一群刁民！禾苗需要西湖水，难道西湖的鱼和荷花就不需要了吗？把西湖的水都放出来，里面的鱼和荷花不就都死了啊！”县官说道。

“大人啊！鱼和荷花死了，不过是没有了一处风景！要是今年的庄稼颗粒无收，饿死的就是无数的老百姓啊！大人啊，你要救老百姓于水火啊！”老百姓说道。

看到县官依旧一副爱答不理的样子，白居易再也待不住了。他大声地说道：“老百姓说得好啊！你作为一方父母官就应该救民于水火，怎么能推推阻阻呢?！你这样不顾老百姓的生死，难道不怕受到朝廷的处罚吗?！”

县官看见一个青衫老翁站在县衙门口，对着自己慷慨陈词，顿时火冒三丈！他大喊一声：“大胆刁民！在衙门里竟然敢如此放肆，来人啊，把他给我抓起来！”

“慢着！不知道我犯了哪条律法，要被大人抓起来啊！大人说不清楚，无辜抓人，可是罔顾朝廷律法，是要被治罪的！”白居易不卑不亢地说道。

县官看白居易说得头头是道，细细打量了他几眼，见他虽然器宇不凡，但是却穿着普通，料定他也不是什么大人物，便抬着头傲慢地问道：“你是何人啊？你可知跟百姓聚众闹事，该当何罪啊？”

“哈哈哈……在下白居易是也！不知道大人要判我何罪啊？”白居易笑着说道。

县官一听，马上吓得目瞪口呆，接着便从座位上滚了下来，狼狈不堪地跪在白居易面前，大声地说道："小人拜见刺史大人，小人有眼不识泰山，不知刺史大人在此……"

白居易看都不看那个县官一眼，便大声吩咐道："来人啊，马上去西湖放水，浇灌禾苗！"

白居易刚说完，老百姓便一片欢呼，纷纷跪下，大喊："谢谢白大人，白大人真是好官啊！"

在白居易的监督下，清澈碧绿的西湖水源源不断地流入了干涸的农田，老百姓都欢欣鼓舞，到处奔走着，传达着喜讯。

白居易亲自到田地里视察情况，他发现在西湖边有田千顷，但是却经常遭遇大涝大旱。经过视察，白居易发现，最主要的症结是西湖水浅，不能积蓄水源。这样的话，到了干旱时期，如果全部放出，那么人们的生活用水就将面临艰难的境地。到了大雨时节，西湖水因为不能存储，就会泛滥成灾。

鉴于这种情况，白居易决定从根本上解决西湖的蓄水问题，他决定在西湖东北岸一带筑一条捍湖大提，这样既能有效地蓄水泄洪，还能从根本上协调农田用水和生活用水。

这条大堤就是著名的"白沙堤"，又名"白堤"。这条大堤东起"断桥残雪"，西到"平湖秋月"，长约二里，旁边遍植绿柳桃花，每到春季，桃花盛开，绿柳摇曳，如行画中。

这条白堤在白居易离任前两个月才竣工，白居易为它亲自写了《钱塘湖石记》一文，刻成石碑，立在湖岸上：

钱唐湖一名上湖，周迴三十里，北有石函，南有笕。凡放水溉田，每减一寸，可溉十五余顷；每一复时，可溉五十余顷。先须别选公勤军吏二人，立于田次，与本所由田户，据顷亩，定日时，量尺寸，节限而放之。若岁旱百姓请水，须令经州陈状，刺史自便压帖，所由即日与水。若待状入司，符下县，县帖乡，乡差所由，动经旬日，虽得水，而旱田苗无所及也。大抵此州春多雨，秋多旱，若堤防如法，蓄泄及时，即濒湖千余顷田无凶年矣。自钱唐至盐官界，应溉夹官河田，放湖入河，从河入田。准盐铁使旧法，又须先量河水浅深，待溉田毕，却还本水尺寸。往往旱甚，即湖水不充。今年修筑湖堤，高加数尺，水亦随加，即不啻足矣。脱或水不足，即更决临平湖，添注官河，又有余矣。虽非浇田时，若官河干浅，但放湖水添注，可以立通舟船。俗云：决放湖水，不利钱唐县官。县官多假他辞以惑刺史。或云鱼龙无所托，或云菱茭失其利。且鱼龙与生民之命孰急？菱茭与稻粮之利孰多？断可知矣。又云放湖即郭内六井无水，亦妄也。且湖底高，井管低，湖中又有泉数十眼，湖耗则泉涌，虽尽竭湖水，而泉用有余；况前后放湖，终不致竭，而云井无水，谬矣！其郭内六井，李泌相公典郡日所作，甚利于人，与湖相通，中有阴窦，往往堙塞，亦宜数察而通理之。则虽大旱，而井水常足。湖中有无税田约数十顷，湖浅则田出，湖深则田没。田户多与所由计会，盗泄湖水，以利私田。其石函、南笕，并诸小笕闼，非浇田时，并须封闭筑塞，数令巡检，小有漏泄，罪责所由，即无盗泄之弊矣。又若霖雨三日已上，即往往堤决。须所由巡守预为之防。其笕之南，旧有缺岸，若水暴涨，即于缺岸泄之；又不减，兼于石函、南笕泄之，防堤溃也。大约水去石函口一尺为限，过此须泄之。余在郡三年，仍岁逢旱，湖之利害，尽究其由。恐来者要知，故书于石。

欲读者易晓，故不文其言。长庆四年三月十日，杭州刺史白居易记。

这篇碑记成为了后人研究西湖水利的重要历史文献。到明代，白居易铸造的这条白公堤不仅成为了重要的水利设施，还繁荣了西湖的商业，成为了当时的交通要道。

除了修筑堤防，白居易在杭州的另一个重要政绩就是疏浚六井。其实，杭州三面环山，山泉水可以说淙淙不竭，加上还有周边三十里的西湖，从原则上说，杭州的水源是相当充足的。但是，在当时，杭州居民的生活用水却是个大问题。

原来，杭州濒临钱塘江，钱塘江水又咸又苦，这导致杭州的地下水都是咸苦的。居民要喝到干净的水，就要到西湖取水或是到四周的山涧中取水。这两种方式都费时费力。之前的杭州官员李泌为了解决居民的饮水问题，曾经始建六井。他果断地放弃了地下水，而是改引西湖水。这样一来，只要西湖水不干涸，城内的井中就有喝不完的淡水，居民也不用跑到西湖去取水。

白居易到杭州后，李泌建造的六井经过这么长时间，已经都淤塞了。杭州城中，经常水流不畅，严重影响了城内居民的用水问题。白居易发现后，决心像李泌一样，再次疏通六井，彻底解决居民的用水问题。

自公元823年秋天开始，白居易便开始着手疏通六井，直到公元824年春天结束，这个规模浩大的水利工程，才宣告结束。

这两个大的工程竣工后，白居易的心情前所未有的舒畅。于是，便携带着群僚到西湖观赏美景。

大家走在杨柳堤岸，看着周围遍植的桃花落英缤纷，清风徐来，别有一番情致。

“大人，你看，这白沙堤真是一处好景啊！走在此中，如入仙境一般……”一个同僚忍不住地赞叹道。

“是啊，大人修建的这条白沙堤，不仅是不朽的水利，还成了西湖一景呢……”另一个同僚也赞叹道。

白居易看到大家都这样吹捧自己，但笑不语。看到，白居易这样谦逊，大家夸得更起劲了。

一个同僚说道：“哈哈哈……自从白大人来了咱们这杭州城，咱们杭州城的百姓就有了衣食父母啊！现在，整个城里的老百姓没有不赞颂白大人的功绩的，我等在杭州数年，也不曾如此风光过啊！白大人果然不同凡响啊！”

“不仅是咱们杭州城，就是周至、忠州的百姓至今都念着白大人的好！白大人到哪里，不是造福一方啊！”别的同僚也纷纷附和道。

“哈哈哈……众同僚真是太抬举我白某人了，白某不过是拿着朝廷的俸禄，做点力所能及的事罢了，倒是叫大家见笑了……”白居易春风满面地说道。

“白大人，您太过谦虚了……想当初，您在周至县，一首《长恨歌》传扬天下，到了江州，一曲《琵琶行》更是轰动一时，如今，您到了我们这杭州地界，可不能厚此薄彼啊！”一个同僚说道。

大家一听，都觉得有道理，便都劝白居易也为杭州作诗一首，以期能传扬天下。

白居易听了之后，忙摇头道：“往事休提啊！如今，我已经老了，可谓江郎才尽，哪里还有什么才情啊！不作也罢！”

“大人，您太谦虚了！您的哪首诗，不是传扬天下啊！今日，我们走在您修建的大堤之上，如此美景，你又何必轻易辜负了呢?”有人反驳道。

“是啊，大人，您来到此处，便是与杭州有缘……更何况，今日，如此良辰美景，大人何不完全放开，尽情挥毫一下呢?”众人纷纷附和道。

见大家如此盛情，白居易也不好再推辞，便说道：“那好吧……竟然大家有如此雅兴，白某就献丑了!”

白居易略一思索，便说道：“今日我们游西湖，看着浩浩荡荡的钱塘江水，我就作一首关于钱塘江的诗吧。”

他说完，便在纸上写下了一首《钱塘湖春行》：

孤山寺北贾亭西，水面初平云脚低。
几处早莺争暖树，谁家新燕啄春泥。
乱花渐欲迷人眼，浅草才能没马蹄。
最爱湖东行不足，绿杨阴里白沙堤。

同僚看了白居易的佳作，都赞叹不已。很快这首诗便成了称颂钱塘江的代表作，被杭州人争相传送。白沙堤更是成了西湖一景，吸引了大批的游客来观赏。

白居易任杭州刺史，前后三年，其实，历时仅二十个月。在这短短的二十个月里，白居易为杭州留下了一湖清水、一道芳堤和六井清泉。

公元824年，白居易任期已满，他依依不舍地离开了自己钟爱的这片土地。杭州的老百姓们，听说他们贤明的白刺史要离开了，纷纷扶老携幼，手拿美酒，为白居易送行。

看到杭州的百姓如此热情，白居易心生不舍，想到自己做得尚且不够，还没有让老百姓过得更好，便无奈地写了一首《别州民》，留给全城百姓：

耆老遮归路，壶浆满别筵。

甘棠一无树，那得泪潸然。

税重多贫户，农饥足旱田。

唯留一湖水，与汝救凶年。

离任，经故地黯然神伤

在白居易离任之前，他还做了一件事便是开除商玲珑的官妓妓籍。他本是一番好意，却不想这一决定直接导致了一代官妓最终沦为了野妓。

离开杭州后，白居易被调回长安，任命为太子右庶子。回去的路上，白居易经故地——符离，他与湘灵的缘分便在此时此地，有了最后的结局。

踏入符离，很多前尘往事便都卷土重来。白居易站在自己家的老宅，看着曾经熟悉的一草一木，不禁黯然神伤。这里是他爱情的开始，亦见证了他与湘灵可歌可泣的爱情。

他从不敢放肆地去想湘灵，因为一旦触碰，便会陷入万劫不复。他是何其残忍，辜负了一个用一生去等待他的女子。他不敢想湘灵独自一人是怎样在兵荒马乱中生存下来的，亦不敢想，那个看似柔弱的女子是怎样恪守承诺，青丝成白发的。

江州一别，已有数年，他不知此时的湘灵是生是死，亦不知她是否还信守着非君不嫁的承诺。他忐忑不安地走进那曾经无比熟悉的院落，那里满满的都是曾经的美好回忆。他不敢想象湘灵在这个充满回忆的地方是怎样居住的，又是如何面对自己的狠心辜负的。

他们曾经青梅竹马，他们曾经彼此许诺了一生，他们曾经为了爱情坚守多年。然而，最后，他们的爱情却被风吹散，掩埋在时光中，徒留伤痛。

这晚，他在院落里彻夜不眠。第二天，他派人到处打听湘灵的下落，却被告知，自湘灵父亲死后，湘灵再也不曾回过符离。白居易对这个结果，百感交集，他本想找到湘灵，看看她过得可好，却不想终是没有结果。

他策马而行，离开符离境地时，一个眉清目秀的孩童拦住了他的去路。

“你可是白居易白大人吗?”小童问道。

“正是在下，不知小童有何事唤我?”白居易不解地问道。

“给你！有人让我把这封信给白居易!”小童把一封书信给白居易，便蹦蹦跳跳地离开了。

白居易打开信件，顿时心如刀绞，泪如雨下。这是湘灵给他的绝笔信，亦是绝情信：

白大人亲启：

湘灵早已经皈依佛门多年，不问世事，如今听闻白大人寻访，知是大人对前尘往事未曾释怀，故修书一封，以解大人愁绪。

初，湘灵曾践言，若不嫁君，必出家为尼。不曾想，竟然一语成谶。君不曾娶我，我亦无福嫁君。或，冥冥之中自有注定，我与君本是有缘无分。

湘灵一生，四海漂泊，前半生为情所困，痴痴等候，终是青丝成白雪。如今，青灯古佛，恍然明白，情之一字，最是伤人，千般誓言不过徒增烦恼。

既然无缘与君成双，便不应强求。君已有夫人，其贤可知，只愿君能与佳人，举案齐眉，前尘往事，万务记挂。

君阅此信，应知湘灵万事皆安，与君绝别，此生不见。

湘灵绝笔

白居易怎么也没有想到，湘灵竟然真的出家为尼，皈依佛门。想到自己当初的誓言，又想到自己的辜负，白居易只觉得心如死灰。他知道，他与湘灵的缘分，就此彻底了断了。他们之间，终究是输给了时间。

人这一生总会轰轰烈烈地爱一场，聪明如白居易，何尝不是轰轰烈烈地爱过。他也曾为了湘灵与母亲抗争，他甚至为了她到三十六岁仍未娶妻。只是，再怎样轰烈的爱情，也抵不过时间。时间变换了彼此的心境，变换了彼此身边的人，也变换了曾经异常坚定的心。当他们的爱情，经过了时间的洗礼，即使再没有了阻力，也早已经没有了当初的热情。

或许，爱情本就是注定的东西，若是无缘，即使是用尽力气，也不过是徒增伤悲而已。白居易与湘灵前半生都为了爱情，痴痴守候，到最后，也不过再不相见，成为路人。

当晚，白居易宿在一处客栈，他拿着湘灵的信进入梦乡。梦中的湘灵还是十四五岁的样子，眉眼弯弯，巧言欢笑，还痴痴地叫着他“居易哥哥”……

半夜醒来，白居易看着窗外夜凉如水，想着湘灵此时此刻定是青灯古佛，有感而发，写了一首《梦旧》：

别来老大苦修道，炼得离心成死灰。
平生忆念消磨尽，昨夜因何入梦来？

很多年后，这首诗辗转到了湘灵手中。湘灵只是淡然一笑，便置之不理。对她来说，这段感情早已经烟消云散，再也掀不起任何波澜了。

离开符离后，白居易途经徐州一带，只见民不聊生，满目疮痍，昔日大唐的盛事，早已经完全消磨在多年的战乱中。白居易本就黯然的心更加伤感，一种压抑之情郁结于胸。

行到洛阳，白居易的心才算是安定了一点。这些年，他到处游走，名山大川，江河溪流也见了不少，但只有东都洛阳，能让他有一种归属感。

再三考虑后，他决定求助自己的得意门生牛僧孺。于是，他委婉地告诉牛僧孺，他想要去东都洛阳任职。很快，他便被任命为太子左庶子，分司东都洛阳。

白居易心满意足地来到洛阳，他一到洛阳，便开始到处看宅子。很快他便看上了一处别院，这个别院是散骑常侍杨凭的故居。此处宅院，竹林潇潇，流水潺潺，是一个风光秀美之所。只是价格颇高，完全超出了白居易的承受范围。

白居易虽然为官多年，却一直两袖清风，他的积蓄并不是很多。为了能够在自己年老后，在此处定居，白居易决定变卖家产，来购买这处宅子，在变卖了自己的几匹好马之后，白居易终于凑够了买宅子的钱。

购买了新宅后，白居易的心情总算是有所好转。只是，如今他乔迁之喜，但众多好友却不在身边，欣喜之余，不仅有些惆怅，于是他便作诗一首，寄给自己远方的挚友元稹和崔玄亮：

洛阳陌上少交亲，履道城边欲暮春。

崔在吴兴元在越，出门骑马觅何人。

在洛阳的日子虽然有点寂寞，但是白居易却过得异常惬意。然而，这样的日子很快便结束了。

苏州，泛舟七里山塘街

公元 824 年，唐穆宗因为过分地追求长生不老，服用了大量的丹药，最后竟然导致中毒身亡。唐穆宗死后，唐穆宗的长子李湛在灵前继位。

李湛十分荒淫奢侈，他沉迷打马球，还喜欢半夜捉狐狸，对朝政却一概不理，史称“视朝月不再三，大臣罕得进见”。因为他的昏庸，当时的大宦官王守澄把持朝政，他和权臣李逢吉相互勾结，打击报复异己，整个朝堂一片混乱。他的得意门生牛僧孺也很快被从宰相之位踢了下来。

鉴于这样的情况，白居易决定再次要求外调，一来可以避免卷入朝堂的纷争，二来可以再去外地游览一番。在他的请求下，朝廷很快便颁布了让他外调的诏书，他被封为苏州刺史，再一次地回到了美丽的江南之地。

公元 825 年，白居易被封为苏州刺史。到任后，他马上写了一封《苏州刺史谢上表》，表中说道：

当今国用多出江南，江南诸州，苏最为大，兵数不少，税额至多，土虽沃而尚劳，人徒庶而未富，宜择循良之吏，委以抚绥，岂臣琐劣之才，合当任使？然既奉成命，敢不誓心，必拟夕惕夙兴，焦心苦节，唯诏条是守，唯人瘼是求……

大意就是：当今朝廷最大的费用都是江南一地供给的。在江南的州县中，苏州则是最大的。苏州不仅兵多将广，税收也很大。苏州的土地虽然肥沃，但是百姓也不是特别富裕，这样的重地，本应该选择更加优秀的官吏，可是既然朝廷已经命我来到此处，我一定全力以赴，为了朝廷，为了苏州百姓，鞠躬尽瘁，死而后已。

递交了《苏州刺史谢上表》的感谢折子之后，白居易便开始着手研究苏州的版图，他根据苏州“版图十万户，兵笈五千人”的情况详细安排了苏州的事务。自到苏州后，白居易几乎事必躬亲。每天从早上开始工作，一直到晚上才停歇。他还写了一首诗感慨自己到苏州之后的生活：

渭北离乡客，江南守土臣。
涉途初改月，入境已经旬。
甲郡标天下，环封极海滨。
版图十万户，兵籍五千人。
自顾才能少，何堪宠命频。
冒荣惭印绶，虚奖负丝纶。
候病须通脉，防流要塞津。
救烦无若静，补拙莫如勤。

削使科条简，摊令赋役均。
以兹为报效，安敢不躬亲。
襦裤提于手，韦弦佩在绅。
敢辞称俗吏，且愿活疲民。
常未徵黄霸，湖犹借寇恂。
愧无铛脚政，徒忝犬牙怜。
制诏夸黄绢，诗篇占白苹。
铜符抛不得，琼树见无因。
警寐钟传夜，催衙鼓报晨。
唯知对胥吏，未暇接亲宾。
色变云迎夏，声残鸟过春。
麦风非逐扇，梅雨异随轮。
武寺山如故，王楼月自新。
池塘闲长草，丝竹废生尘。
暑遣烧神酎，晴教煞舞茵。
待还公事了，亦拟乐吾身。

大意就是，我在苏州这样的重地，为了不辜负陛下和全城百姓，已经忙得不可开交了。我喜欢的那些丝竹管乐也已经都荒废了，我现在一心都扑在工作上了……

白居易在繁重的工作之余，也会到苏州的名胜之地游山玩水。苏州本就是一个有着无数美景和故事的地方，而白居易在这些地方，毫不吝啬地留下了自己的文墨。

在苏州，白居易去的最多的便是虎丘山，虎丘山也因为白居易的到来，更加大放异彩。在虎丘山上有座真娘墓。关于这个真娘墓还有一个凄美的爱情故事。

真娘，乃苏州名妓。她本是京城大户人家的大家闺秀，为了逃避战乱，随父母流落到苏州之地。谁知，她与父母离散，被人诱骗到山塘街的一家妓院。

因为真娘出自书香门第，容貌端庄艳丽，诗词歌赋，琴棋书画，样样精通，很快便声名远播。只是真娘虽沦落青楼，却不愿意陷于淤泥，一直守身如玉，只卖艺不卖身。

苏州城内有一个富家子弟王荫祥，风流倜傥，才华出众，见过真娘后，便惊为天人，想要娶她为妻，结百年之好。只可惜，真娘自幼由父母做主，已经许配了人家。她与未婚夫情深意重，只想为他守身如玉，便婉言拒绝了王荫祥。

王荫祥为情所困，不愿善罢甘休。在有心人的劝说下，用重金买通了老鸨，想要留宿于真娘处，逼真娘就范。真娘听说此事后，万念俱灰，知道以自己之力难以与王荫祥抗衡，为保贞洁，只好在当晚悬梁自尽。

王荫祥本是真心爱慕真娘，知道此事后，悔不当初。悲痛欲绝之下，王荫祥发誓永不再娶，并斥巨资买下真娘尸身，厚葬真娘于虎丘之地，并为真娘刻碑立传，栽花种树于墓上。

后来，王荫祥栽种的花树，长成一片，十分美丽，因此人们便称真娘墓为“花冢”。白居易到虎丘山游玩，曾经到过真娘墓，想到真娘的刚烈，白居易十分感伤，便为真娘题诗一首：

真娘墓，虎丘道

不识真娘镜中面，唯见真娘墓头草。

霜摧桃李风折莲，真娘死时犹少年。

脂肤荑手不牢固，世间尤物难留连。

难留连，易销歇。

塞北花，江南雪。

白居易在游览虎丘山的过程中发现，从阊门城外到虎丘山下一段路程，陆路不畅、水路不通、河堤坍塌、河道淤塞。要上虎丘山游玩一次，可以说是费时费力。费了九牛二虎之力后，才到了虎丘山，早已经累得气喘吁吁了，哪里还有什么游玩的闲情逸致。

白居易游山玩水是为了解除疲劳，结果不仅没有解除疲劳，来回的奔波反而比连续的工作还累。想到虎丘山本是苏州名胜，白居易游玩了一次之后，便下定决心好好治理一下这段路程。

回到衙门后，白居易便立即找来有关官吏商量，决定重修从阊门城外到虎丘山下的这段路程。为了疏通整个河道，他们挖出了从阊门城外到虎丘山下的所有淤泥。挖出这些淤泥不仅可以疏通河道，还拓宽了整个河堤。这些淤泥也被废物利用，用来垒石加固，以增高河道的护围。

为了车马也可以通行，白居易还命人在这段路程上建造了大量的桥梁。为了建造这些桥梁，白居易几乎很少回家吃饭。他的夫人杨氏心疼夫君，便经常来给白居易送饭。白居易为了修建桥梁而废寝忘食的精神，一时传为美谈。人们为了纪念白居易的辛勤和杨氏的贤惠特意把其中的两座桥命名为白公桥和白母桥。

河道和桥梁修好之后，白居易还发动民工，在河塘中养莲种荷，在堤岸栽柳种竹，遍植桃李，让这段原本寸步难行的道路成了一道异常美丽而繁华的风景线。

这段道路就是至今闻名的七里山塘街。白居易开凿的这段山塘街，不仅解除了洪涝之忧，还便利了这一带的灌溉和交通。自七里山塘街建好后，人们无论是泛舟河内，还是车马行于桥上，都变得无比通畅而惬意。

更让人没有意料到的是，千百年后，这条七里山塘成为了苏州最为繁荣的场所，会馆林立，牌坊处处，花船横斜，笙歌声声。就连曹雪芹都忍不住赞叹此地道：最是红尘中一二等富贵风流之地。画家们也十分青睐此地，著名的画家徐扬曾经创作了一卷《姑苏繁华图卷》，其中画了苏州的一村、一镇、一城、一街，这其中的一街，便就是白居易修建的七里山塘街。白居易自己更是为此路留下了著名的诗句：

自开山寺路，水陆往来频。
银勒牵骄马，花船载丽人。
芰荷生欲遍，桃李种仍新。
好住湖堤上，长留一道春。

七里山塘街修好了，苏州百姓对白居易的崇拜达到了一个很高的境地。白居易离任后，苏州百姓为了纪念这位为民造福的白刺史，把山塘街称之为“白公堤”以作纪念。

多年后，白居易故去，苏州百姓为了怀念这位大诗人，特意在虎丘建造了一座白居易祠，祠前题有一副深情的对联：

唐代论诗人，李杜以远，唯有几篇新乐府。
苏州怀刺史，湖山之边，尚留三亩旧祠堂。

不得不说，苏州这个地方，因为白居易的存在，又添上了浓墨重彩的一笔。但是，随着任期的结束，白居易与苏州的缘分也开始慢慢地走到了尽头。

公元826年，白居易因病去职。他在苏州任上，历时十七个月。这十七个月，白居易一心扑在政务上，为民造福，受到了全城百姓的极大爱戴。他离开苏州时，苏州百姓倾巢而出，都临着河水对白居易拜别，有的百姓还乘船送出了十里之远。而白居易对苏州何尝不是情谊深厚，依依不舍，他深情地写到：

浩浩姑苏民，郁郁长洲城。
来惭荷宠命，去愧无能名。
青紫行将吏，班白列黎氓。
一时临水拜，十里随舟行。
饯筵犹未收，征棹不可停。
稍隔烟树色，尚闻丝竹声。
怅望武丘路，沉吟浒水亭。
还乡信有兴，去郡能无情。

这首《别苏州》把白居易和苏州人民的深厚情谊描写得淋漓尽致。白居易早年崇拜的少年、如今身为和州刺史的刘禹锡听到苏州百姓对白居易十里相送，自叹不如，便赋诗一首：

闻有白太守，抛官归旧谿。
苏州十万户，尽作婴儿啼。
太守驻行舟，阊门草萋萋。
挥袂谢啼者，依然两眉低。
朱户非不崇，我心如重狴。

华池非不清，意在寥廓栖。
夸者窃所怪，贤者默思齐。
我为太守行，题在隐起珪。

刘禹锡，曾经是白居易少年时期，十分仰慕的一个少年。二人同年，但是刘禹锡却比白居易出名要早。想当初，年仅十五岁的白居易在苏杭之地，久闻刘禹锡大名，却连见面的勇气都没有。

很多年后，白居易诗名远扬，远远地超过了刘禹锡。之后，二人更是同朝为官，却一直阴差阳错，未曾谋面。但二人却一直有一些书信和诗文的往来。

看到刘禹锡写诗这样赞叹自己，白居易便赶紧写了一首诗作为答谢：

吏满六百石，昔贤辄去之。
秩登二千石，今我方罢归。
我秩讶已多，我归渐已迟。
犹胜尘土下，终老无休期。
卧乞百日告，起吟五篇诗。
朝与府吏别，暮与州民辞。
去年到郡时，麦穗黄离离。
今年去郡日，稻花白霏霏。
为郡已周岁，半岁罹旱饥。
襦袴无一片，甘棠无一枝。
何乃老与幼，泣别尽沾衣。
下惭苏人泪，上愧刘君辞。

或许，冥冥之中自有注定，白居易离开苏州后，沿运河而行，行至扬州杨子津，竟然与刘禹锡不期而遇。二人见面，兴奋之情溢于言表，他们尽情把酒言欢，谈诗论道，最后竟然结伴而游，一直到第二年春天才分开。

行至洛阳，白居易收到了弟弟白行简去世的噩耗，顿时心肝俱裂，非常痛苦。他怎么也没有想到一向乖巧伶俐的小弟竟然死在了自己的前面。想到多年前，大哥白幼文去世，小弟白行简曾经行到江州安慰自己。而今，弟弟白行简也离自己而去，他却再也没有一个弟弟来安慰自己了。想到自己兄弟几人，最后竟然只剩自己一人，白居易不禁痛哭流涕。

刘禹锡见好友悲伤至此，只好温言相劝。二人之后的行程，也变得失去了往日的欢畅。公元 827 年春，与刘禹锡结伴而行多日的白居易再次回到了长安。

去职，定居最美洛阳城

此时的长安也已经发生了翻天覆地的变化。因为在白居易与刘禹锡同游的时候，除了弟弟白行简去世的噩耗，他们还收到了另一个噩耗：年仅十八岁的唐敬宗李湛竟然被两个宦官谋杀了！

公元 826 年十二月，荒淫无度的唐敬宗带着一群宦官又一次出去“打夜狐”了。回宫之后，唐敬宗仍然觉得玩得不尽兴，因此便与宦官刘克明、田务澄、许文端以及击球军将苏佐明、王嘉宪、石定宽等二十八人饮酒。酒足饭饱之后，唐敬宗终于觉得尽兴了，于是便入室更衣。

正在此时，大殿的灯烛忽然间熄灭了，唐敬宗就在这一片黑暗之中，被自己曾经想打就打、想骂就骂的大宦官刘克明与苏佐明杀死了。唐敬宗死时，年仅十八岁，是除了唐朝末代亡国之君——唐哀帝之外，唐朝皇帝中寿命最短一个。

得到这个消息后，白居易和刘禹锡百感交集，他们怎么也想不到曾经极盛一时的大唐竟然衰败到如此境地。两代帝王竟然都死在小小的宦官之手。

唐敬宗死后，唐穆宗李恒的第二子，唐敬宗的弟弟，年仅十八岁的李昂被宦官王守澄等拥立为帝。文宗即位后，励精图治，遣散宫女三千人，裁汰官员一千二百余人，想要中兴大唐。

当年三月，白居易被唐文宗任命为秘书监。秘书监属三品，要日日上朝，因此白居易再一次住进了长安这个是非之地。但是，白居易很快便发现，唐文宗虽然想要励精图治，但是却丝毫没有实权，整个朝廷的人员调度几乎全部操纵在宦官手中。

更可悲的是，皇帝无权，宦官当政，满朝大臣竟然依旧处在争名夺利的党派之争中。这期间，牛李党争达到了高潮，两党之间的官员走马观灯一样的轮换，而那些仁人志士却屡受打击。

面对此情此景，白居易早已经没有了丝毫斗志。公元 828 年，白居易升为刑部侍郎。但是白居易却丝毫没有升迁的喜悦，他只恨不得早日辞官，离开长安这个是非之地。公元 829 年，白居易的得意门生牛僧孺再次被任命为宰相。

白居易马上去牛僧孺的府上，要求辞官归隐。牛僧孺与自己的先生白居易上次长安一别，已经知道自己的先生早已经对朝堂心灰意冷，心生退意。但是他以为白居易这次依旧是要求外调，却没想到竟然是想要辞官归隐。

“先生，您想要外调可以，但是辞官一事万万不可啊！如今的朝廷正是用人之际，您怎么能此时辞官呢？”牛僧孺惶恐地说道。

“僧孺啊，先生如今已经是一身病弱，哪里还能为朝廷做什么贡献……先生早已经力不从心了……”白居易感慨地说道。

“先生，你辞官一事就不要提了。学生可以为您谋一个闲职，让您可以好好休养身体……”牛僧孺坚持道。

“也罢，这样也好……只是先生早已经在洛阳置办了宅院，想要回洛阳任职……”白居易说道。

“唉……既然先生早已经下定决心远离长安，学生为您安排就是……”牛僧孺无奈地说道。

不久，在牛僧孺的安排下，白居易以太子宾客分司东都。中央官员在陪都洛阳执行公务，叫作分司东都。但是实际上，这些分司的官员并没有实际事务，大多都是用来优待那些退休官员的闲职。而这样的闲职，无疑是最适合白居易的。

收到诏书后，白居易异常开心地收拾行装，快马加鞭地返回了东都洛阳。

洛阳，白居易进京赶考时，他的母亲曾经寄居在洛阳的亲属家中。那时候，他第一次到洛阳，便对洛阳城留下了深刻的印象。他知道此地便是自己最后的归属。所以，即使他去了太多的地方，看了太多的风景，即使秀美如苏杭，依旧没能让他停下脚步。只有洛阳，是他心灵最后的归属。

白居易回到洛阳的时候，正值洛阳的春天，白居易的心情也如这春日一般，十分舒畅。他的妻子杨氏一直随白居易四处奔波，如今停歇下来，夫妻二人更加恩爱。

来洛阳不久，他的妻子杨氏竟然怀孕了。这时候的白居易已经是五十八岁的高龄了，竟然有幸再一次当了父亲。白居易对此欣喜异常，对妻子杨氏也更加温柔体贴。

这年九月，元稹从越州回京师。他知道白居易在洛阳隐居，便马上到了洛阳探访白居易。二人相见，白居易只见元稹华发早生，竟然比自己还要苍老。

“元老弟，多年不见，你莫非有什么心事，怎么会变得如此憔悴?”白居易不解地问道。

“唉……哪里有什么心事呢……只不过早年在川蜀之地伤了身体……这几年又仕途不太顺利，自己多劳多思而已……”元稹无奈地说道。

白居易知道元稹一直热衷于权力富贵，对仕途之事十分上心，便也不好多说，只是劝道：“元老弟，如今的朝堂早已经不是当初的朝堂，你我也已经不是年轻的时候，你又何必对仕途之事如此耿耿于怀呢?”

“唉……元稹这一生已经被名利富贵迷了双眼，早已经泥足深陷，不能自拔了……白兄，你近来可好?”元稹转移话题道。

“我早已经退出朝堂，如今一心向佛，只觉得日日轻松……”白居易见元稹故意转移话题，便豁达地说道。

“唉……有时候，小弟真是羡慕你啊……急流勇退不是谁都能做到的……”元稹无不感慨地说道。

“哈哈哈……哪里有什么急流勇退啊！不过是厌倦了那些朝堂的争斗，想要寻得一片安宁之地罢了……”白居易笑着说道。

“白兄豁达之心，小弟真是自叹不如啊！”元稹说道。

“哈哈哈……元老弟何必如此惆怅，如今到了洛阳，就让哥哥好好款待你一番，今日，你且开怀畅饮，咱们不醉不归!”白居易豪爽地说道。

于是，白居易命家人打开最好的佳酿，与元稹杯筹觥错，直到二人都大醉，才各自回房歇息。

尽管朝廷急召元稹回京，但是元稹还是在洛阳停留了几日，才依依不舍地与白居易告别而去。离别之际，元稹感慨万千，便写了一首诗赠给白居易：

君应怪我留连久，我欲与君辞别难。

白头徒侣渐稀少，明日恐君无此欢。

自识君来三度别，这回白尽老髭须。

恋君不去君须会，知得后回相见无。

大意就是，我很舍不得离君而去，但是我已经流连得很久了。像我们这样白头的伴侣，已经很少了，恐怕今日一别，这样的欢愉就再也没有了。我们自从相识，几度分别，这次分别却都已经白发苍苍了。我这样依依不舍，只因为我知道我们可能会后会无期了。

谁都没想到，元稹与白居易的这次分别竟是永别。

这年冬天，白居易的妻子杨氏为白居易生下了一个儿子。五十八岁的白居易老来得子，欣喜欲狂。他到处与乡邻亲戚喝酒庆贺，并忍不住写诗向自己的好友元稹报喜道：

常忧到老都无子，何况新生又是儿。

阴德自然宜有庆，皇天可得道无知。

一园水竹今为主，百卷文章更付谁。

莫虑鹓雏无浴处，即应重入凤凰池。

五十八翁方有后，静思堪喜亦堪嗟。

一珠甚小还惭蚌，八子虽多不羡鸦。

秋月晚生丹桂实，春风新长紫兰芽。

持杯祝愿无他语，慎勿顽愚似汝爷。

大意就是：我一直担心到老也没有儿子，没想到我都五十八了竟然有了儿子，我真是又高兴，又感慨啊！我对他没有什么大的期望，只要不像我一样顽固愚蠢就行了。

自从有了儿子之后，白居易对生活又有了新的热情。他把自己的儿子视为掌上明珠，每天都要抽出时间来，和自己的儿子玩乐。他曾经无比担心地说道“未能知寿夭，何暇虑贤愚”，意思就是，我都不知道我儿子的寿命如何，又哪里有时间担心他到底是贤是愚呢？

可见，白居易有多么爱自己的儿子，他最关心的不过是他能否健康长大，而至于是聪明是愚蠢都是不重要的。只要他能健健康康地长大，自己就心满意足了。但是，即使是这样简单的愿望，依旧没有实现，不得不说，万事皆有注定，并不因人力而改变。

公元831年，白居易到洛阳已经三年了。这三年的时间，白居易的生活过得十分惬意，无公务劳神，还有爱子绕膝而伴，愉悦的心情可想而知。但是，就在这一年，白居易被朝廷授予了河南尹一职，他一下子又被繁重的公务所淹没。

失去了往日的清闲，白居易觉得心情不畅。这一年还接连发生了更大的重创，这些重创，让白居易陷入了巨大的悲伤之中。

这年春天，白居易的爱子患病，之后便一病不起，即使白居易和杨氏想尽了办法，请遍了名医，依旧没能挽救爱子的性命。在一个寂静的夜晚，白居易年仅三岁的爱子早夭了。遭此厄运，白居易和妻子杨氏悲痛难抑，杨氏更是因此重病不起。

白居易还没有从丧子之痛中完全挣扎出来，一个新的噩耗就传来了：他的好友元稹突发急病去世了！

得此噩耗，白居易只觉得如同晴天霹雳，想到与元稹的相识相知，又想到好友年纪轻轻竟然早逝，白居易万般情绪难抑发泄，只好大呼着好友的名字，痛哭流涕。家人见他如此悲伤，都上前相劝，但是白居易依旧悲痛难抑。

第二日，白居易骑马而行，前往元家为元稹奔丧。到了元家，白居易看到满目白幡，心痛难忍。他踉踉跄跄地走到元稹的灵柩前，扶棺而泣，写下了著名的《哭微之》：

八月凉风吹白幕，寝门廊下哭微之。

妻孥朋友来相吊，唯道皇天无所知。

文章卓荦生无敌，风骨精灵殁有神。

哭送咸阳北原上，可能随例作埃尘。

今在岂有相逢日，未死应无暂忘时。

从此三篇收泪后，终身无复更吟诗。

元家知道白居易与元稹的深情厚谊，便请白居易为元稹撰写祭文。白居易自然当仁不让，深情地写下了感人肺腑的《河南元公墓志铭》：

……呜呼微之！始以诗交，终以诗诀，弦笔两绝，其今日乎？呜呼微之！三界之间，谁不生死，四海之内，谁无交朋？

然以我尔之身，为终天之别，既往者已矣，未死者如何？……与公缘会，岂是偶然？多生以来，几离几合，既有今别，宁无后期？公虽不归，我应继往，安有形去而影在，皮亡而毛存者乎？……

大意就是：微之啊，你我之间深情厚谊，你死了，我活着还有什么意思呢？我很快就会随你而去了……

纵观白居易这一生，元稹可以说是他的第一知己。自古以来，文人相轻，而他与元稹之间的深情厚谊却流传至今，成就了一段“元白”佳话。

第八卷

白衣佛子，喧嚣尽处的安然

繁华落尽，他终于寻到内心世界的一片安宁。于是，他脱下紫袍鱼袋，披上白衣袈裟，化身香山脚下的小小佛子。他谈诗论道，潜心向佛，再不返朝堂乱世。

佛音，来自内心的宁静

元氏族人看了白居易写的祭文，也为二人之间的深厚情意所感动。为了感谢白居易为元稹撰写祭文，元氏以重金酬谢。白居易辞而不受，但是元氏一族，却不肯答应。

“我与微之不是兄弟，胜似兄弟！我落魄时，微之多次伸手相帮，我才得以渡过难关。如今，微之故去，为他撰写祭文，乃是我的分内之事，岂敢要什么馈赠！”白居易坚决地说道。

“白大人，你与夫君的情意，奴家怎能不知。想当年，夫君在川蜀之地，收到大人的书信，竟然激动地痛哭流涕，而奴就在身边……夫君坦言，每每收到您的信，总会大喜大悲……”元稹的夫人哭着说道。

白居易听到此处，想到他与元稹落魄时的相互安慰，相互扶持，更是悲从中来，呜咽地说道：“我与微之相识三十载，其中情意自是旁人难以比拟的……”

“这点，奴家自是知道。但是你与夫君的情意与这祭文却并无关系，奴家虽为妇道人家，也知道以白大人的身份，能为微之撰写祭文，已经是元家的福气，又怎么能白白受之。若如，元家白白受之，外人又会如何看待元家……还以为元家自我夫君去后，便落魄了呢……为了防外人多有口舌，白大人无论如何，也要收下这笔馈赠！”元稹的夫人坚决地说道。

看到元稹的夫人如此坚决，白居易万般无奈之下，只好收下，说道：“这笔钱，我定会为它寻个最好的去处，以告慰微之的在天之灵！”

白居易一直等到元家办完元稹的丧事，才重返洛阳。返回洛阳后，白居易想到自己老年丧子，而今又逢好友新丧，只觉得千般痛苦，万般难受。他疲惫地躺在床上，想到自己在仕途上，一生不顺，不曾有施展抱负的舞台；在感情上，与湘灵相恋十余年，最后不过是恩断情绝，湘灵更是为此渡入空门；幸有一妻，却是子嗣单薄，爱女和爱子相继早夭，只有一女得以成活；也幸有一友，始终肝胆相照，如今也英年早逝……

这一夜，白居易辗转反侧，只觉得这一生再无什么念想，只愿也如湘灵一般，青灯古佛，了此残生。他早闻香山有古寺，自己何不去香山隐居，以求得内心的安宁呢。

第二日，白居易便拖着疲惫的身体到了香山脚下。只见整个香山如诗如画，仿如仙境。白居易知道，此处便是自己的归处了。他已经一身病弱，早该了却尘缘，在此仙山隐居。

行到香山寺，白居易有点震惊。因为整个香山寺太过落魄了。

那些庙宇已经年久失修，楼阁更是无一不破败不堪。白居易不解地问住持：“此处如此破败，为什么不好好修葺一番呢？”

住持无奈地说道：“唉……老僧早有此意，只可惜一直资费不足啊！”

白居易听到此处，沉吟不语。他突然想到了那笔撰写墓志铭的资费。如果把这笔钱捐给香山寺，自己的好友地下有知，会不会来此处与自己相会呢？

公元832年，白居易将为元稹撰写墓志铭的资费全部拿出，捐赠给香山寺，让住持重修香山寺。他在《修香山寺记》中这样写到：

呜呼！乘此功德，安知他劫不与微之结后缘于兹土乎？因此行愿，安知他生不与微之复同游于兹寺乎？

大意就是：有这样的功德，又怎么知道不会与微之在此处相遇呢？我有这样的愿望，微之又怎么会不来和我再续前缘呢？

公元833年，白居易因为年老多病，向朝廷递交了辞职信。朝廷考虑到白居易的威望和人脉，便再次授予他为太子宾客分司东都洛阳。这次之后，白居易便彻底住在了香山寺中，一心向佛，直至终老，再不曾到他处居住。对于自己此次的归隐，白居易写诗道：

驿吏引藤舆，家僮开竹扉。
往时多暂住，今日是长归。
眼下有衣食，耳边无是非。
不论贫与富，饮水亦应肥。

大意就是：我以前在这里都是暂住，这次就在此长居了。我在这里有吃有穿，也远离是非，无论是富贵还是贫穷，都已经知足了。

在香山寺的这些日子，白居易与住持谈经论道，好不惬意。在青灯古佛的熏陶下，白居易的心灵得到了前所未有的安宁，他发现，只有佛祖才能让他真正获得安宁。比起那些朝堂纷争、家庭琐事，白居易只觉得此时的自己才是真正的自己。

想到自己如今已经完全皈依了佛门，白居易便决定把自己豢养的家姬和老马放走。在这些家姬中，白居易最舍不得的便是樊素了。但是，想到关盼盼的悲剧，想到自己如今已经是将要入土之人，白居易便狠下心，给予了樊素很大一笔钱，让她自己离去。

谁知道，白居易的那匹老马，见自己被主人抛弃，不断地悲鸣，不想离去。樊素更是泣涕涟涟，无比伤感地说道：

主人乘此骆五年，衔撅之下，不惊不逸。素事主十年，巾栉之间，无违无失。今素貌虽陋，未至衰摧。骆力犹壮，又无虺愦。即骆之力，尚可以代主一步；素之歌，亦可送主一杯。一旦双去，有去无回。故素将去，其辞也苦；骆将去，其鸣也哀。此人之情也，马之情也，岂主君独无情哉？

大意就是：老爷啊，这匹马已经跟了您五年了，从来都是安安稳稳，没有让你受过惊吓。素素我也已经侍奉主人多年，这些年，我对主人情深意切，从未有过大的过失。现在素素虽然已经人老色衰，但是没有到不能侍奉主人的地步。主人的老马，虽然老了，但是却依旧可以为主人代步，我虽然老了，但是我的歌声依然能让主人多喝一杯酒。现在，我们双双离主人而去，就再也不会回来了。因此，素素此去，万般痛苦，老马也很伤心。素素和老马对主人还有如此情意，难道主人就对我们没有情意吗？

见自己的老马和素素如此伤心，白居易心灵也受到了极大的震荡。人非草木，孰能无情。白居易只好作了一首《不能忘情吟》召回了樊素和自己的老马：

骆骆尔勿嘶，
素素尔勿啼；
骆反厩，素返闺。
吾疾虽作，年虽颓，
幸未及项籍之将死，
何必一日之内弃骓兮而别虞姬！
乃目素兮素兮！
为我歌杨柳枝。
我姑酌彼金 ，
我与尔归醉乡去来。

大意就是：马儿你别叫，素素你也别哭，你们不用走了。马还牵回马圈，素素也回到自己的香闺吧。我现在虽然老病缠身了，但是还没有像项羽一样，到了对着乌骓马和虞姬拜别的时候。素素啊，你再给我唱首杨柳枝吧，让我再痛痛快快地大醉一场。

白居易虽然召回了素素，但是心里却知道，虽然今日不曾分别，但是早晚一天，还是要放素素离开的。自己已经垂垂老矣，又怎么能耽误素素的后半生。

公元 835 年，朝廷任命白居易为同州刺史，白居易辞谢不受。于是乎，朝廷再次改授他为太子少傅，分司东都，晋封冯翊县侯，仍留在洛阳。可以说这是白居易仕途的一个高峰，但是白居易却早已经看破红尘，只觉得名利富贵不过是过眼云烟，因此对于朝廷的所有晋封，白居易均是淡然处之。

公元836年，白居易已经是六十四岁了。这一年他得了风疾，半身麻痹。他知道自己真得老了，再留着素素也不过是耽误素素的人生，于是便打算给素素一笔钱，让她离去了。想到素素要离开自己，白居易十分伤感，便作诗一首：

两枝杨柳小楼中，袅娜多年伴醉翁，
明日放归归去后，世间应不要春风。
五年三月今朝尽，客散筵空掩独扉；
病与乐天相共住，春同樊素一时归。

大意就是：素素啊，你陪伴了我这么多年，明天我就放你离开了。你走之后，我的春天也就离去了。明日之后，即使宾客再来了，也听不到素素美妙的歌声了。以后的岁月就让病痛与我做伴，让春天随你而去吧。

樊素虽然依旧不愿意离开白居易，但是白居易却再未心软。他语重心长地对樊素说道："素素，你我的缘分就到此了……我已经是风烛残年，不知道什么时候就会死去。而你还依旧年轻，还有未来，你去寻找自己的幸福吧！不要把时间浪费在我这个将死之人身上了。"

樊素见白居易主意已定，便也不再多言，拿着钱财，离开了白府。

送走樊素后，白居易回到香山寺，只觉得他与这凡尘的缘分已经不剩多少了。听着古寺的钟声，白居易的心异常安宁，他想，他之后的岁月，恐怕除了我佛，再也没有其他了。

他着一身白衣，安然地坐在佛前，闭上眼睛，静静地倾听着那些悠远古朴的佛音。自此之后，这世间再没有那个沉浸在凡尘喧嚣中的白居易，只有香山的一个白衣佛子，谦逊地聆听我佛的教诲，获得人世间最大的安宁。

法凝禅师的八字真要

白居易的佛缘，最早起源于符离的流沟寺。在那样的战乱时期，当饱受战争之苦的白居易，第一次踏上静谧的流沟寺，小小的心灵就获得了极大的震荡。

他从来不知道，在这样混乱的时代，竟然还有这样宁静的地方，没有流离失所，没有生离死别，有的只有袅袅的佛香，有的只有空灵的佛音。

当他站在那个香火并不鼎盛的庙宇时，他流离的心竟然落到了实处，他的心竟然获得前所未有的抚慰和救赎。从那一刻起，他便对佛产生了兴趣。

但是他与流沟寺的缘分却是很短暂的。那时候的白居易才十一岁，他对未来有着太多的期待，他对自己的人生有太多的规划。那时候的他还书生意气，有一颗年少轻狂的心。

离开符离后，白居易便开始了自己最为漂泊落魄的几年。这几年的白居易是消沉而自卑的，他尝尽了离别的滋味，也尝尽了相思之苦。在那个时期，陪伴白居易的除了酒，便是佛。

白居易对佛教南宗禅十分感兴趣。那时候的大唐，最为兴盛的也就是南宗禅了，在白居易生活的那个时期，南宗禅的宗旨是：不立文字，教外别传，直指人心，见性成佛。也就是，你不需要去崇拜谁，也不需要看大量的经卷，你只要有一颗向佛的心，自我修行就可以了。

这种独特的传教方式，受到了大唐很多文人士大夫的青睐，白居易就是其中的一员。他虽然没有像其他虔诚的佛教徒一样完全的皈依我佛，却也聆听过一些高僧的教诲。

公元799年，白居易从宣城参加完乡贡后，到洛阳探母，曾经到洛阳的圣善寺游玩。洛阳的圣善寺是唐中宗在其母武则天死后，为她修建的佛堂。当时，在洛阳的圣善寺中有一个十分出名的高僧，法号法凝，人称法凝禅师。

白居易到了圣善寺后曾经听过法凝禅师讲解佛经，十分震撼，觉得此人佛法高明，是难得一见的高僧，因此曾经虔诚地向法凝大师学佛。

他向法凝大师请教道："大师，世人皆言心之所在？不知道大师以为心在何方？"

法凝大师见白居易颇有慧根，便赐了他："曰观，曰觉，曰定，曰慧，曰明，曰通，曰济，曰舍。"

白居易听后，顿有所悟。不久后，白居易去长安赶考，一举登科。闲暇之余，他经常对法凝大师所说的话，反复研究。

公元803年，法凝大师圆寂。白居易正任校书郎，听到法凝大师圆寂的消息，白居易悲痛不已。他一直把法凝大师当成自己在佛法方向的恩师，如今恩师仙去，白居易的悲痛之情可想而知。

第二年春天，白居易再返洛阳，到圣善寺钵塔院去祭拜法凝大师，曾经做《八渐偈》来纪念这位自己在佛法上的领路人。他在序中这样写到：

唐贞元十九年秋八月，有大师曰凝公，迁化于东部圣善寺钵塔院。越明年春二月，有东来客白居易作八渐偈，偈六句，句四言赞之。初居易尝求心要于师。师赐我言焉：曰观，曰觉，曰定，曰慧，曰明，曰通，曰济，曰舍。繇是入于耳贯于心。呜呼，今师之报身则化，师之八言不化。至哉八言，实无生忍观之渐门也。故自观至舍，次而赞之，一言为一偈，谓之八渐偈。盖欲以发挥师之心教，且明居易不敢失堕也。既而升于堂，礼于床，跪而唱，泣而去。偈曰：

观　以心中眼，观心外相。从何而有，从何而丧，观之又观，则辩真妄。

觉　惟真常在，为妄所蒙，真妄苟辩，觉生其中，不离妄有，而得真空。

定　真若不灭，妄即不起，六根之源，湛如止水，是为禅定，乃脱生死。

慧　专之以定，定犹有系，济之以慧，慧则无滞，如珠在盘，盘定珠慧。

明　定慧相合，合而后明，照彼万物，物无遁形，如大圆镜，有应无情。

通　慧至乃明，明则不昧，明至乃通，通则无碍，无碍者何，变化自在。

济　通力不常，应念而变，变相非有，随求而见，是大慈悲，以一济万。

舍　众苦既济，大悲亦舍，苦既非真，悲亦是假，是故众生，实无度者。

不得不说，《八渐偈》不仅是白居易与禅僧往来问对的一个标志，更是白居易在法凝禅师的教化下，对佛法禅理赋予了自己的理解和体悟。

之后数年，白居易可谓十年三登科，仕途通畅，他对佛法的研究也进入了一个最为浅淡的时期。那段时间，是白居易这一生最为意气风发的时候，他全身心地投入到报效朝廷的行列中，为此可谓鞠躬尽瘁，呕心沥血。

但是，当时的大唐虽然有中兴之象，但是却早已经到了陌路。很快，白居易便因为得罪宦官而被贬江州。这次被贬，使白居易的整个人生出现了重大的转折。

在被贬江州之前，白居易满心都是以自己的微薄之力报效朝廷，有着达则兼济天下的宏图之志。被贬江州后，白居易的内心受到了极大的重创，他开始对朝廷失望，开始寻找心灵的慰藉，而佛法则是他寻求慰藉的最好归处。

公元817年，也就是白居易被贬江州的第二年，白居易遇到了师事过马祖道一的法嗣惟宽禅师。马祖道一，禅宗最主要宗派洪州宗的祖师，主张任心为修。他的佛性思想与实践的总纲领便是我们当下流行的“平常心”。

马祖道一门下弟子众多，法嗣一百三十九人，而惟宽禅师便是其中的一位。惟宽禅师本是衢州信安祝氏子第，可谓出身世家。他十三岁那年，看见有人杀生，之后看到那些杀生的食物，他竟然吃不下饭去，于是便要求出家。

遇到白居易的时候，惟宽禅师正在嵩山少林寺。白居易知道惟宽禅师佛法精妙，便向他请教。

“大师，世人经常说身、口、意，弟子不知这三者应该如何各自修行呢？”白居易困惑地问道。

“用身修持乃是戒律，用口宣讲就是所谓的法义，用心实践谓之禅义。律即是法，法不离禅。这三者应该合一而修，是不能分开修行的……”惟宽禅师解道。

“大师，若如此说来，这三者没有什么大的分别，那这三者里，为什么又更讲究修心呢？”白居易不解地问道。

“心，本来是没什么损伤的，原不必修。我们说修，不过是叫人无论垢净，都不起太多念头而已。”惟宽禅师解道。

“大师，我知道有垢念，一定要拂拭。佛说不起垢念，是有一定道理的。但是，为什么净念也不能起呢？”白居易继续问道。

“这个道理是很简单的。就好像人的眼睛，不能有沙尘一样。我们都知道金子是十分珍贵的东西，但是如果金子的琐屑掉到了人的眼睛。人的眼睛也不会舒服。白居士，你看看外边广阔的天空，你看那些天边的云彩。那些乌云虽然能遮蔽青天，但是那些白云也一样能遮蔽青天呀！”惟宽禅师指着天空对白居易说道。

听了惟宽禅师的教化，白居易深受启发，只觉得佛法无边，令人心生敬畏。得到惟宽禅师的点化后，白居易对佛法产生了更加深刻的理解。

在江州，白居易先后与法演、智满、士坚、道深、神照等二十余僧人交往。之后，便在庐山结草堂而居。他最喜欢的事情，便是研究佛经和听东林寺的住持讲授佛经了。

东林寺的住持也是小有名气的高僧，他与白居易每天参禅论道，让白居易因为贬谪而颓废的心情获得了前所未有的安宁。白居易也喜欢上了这样安宁的生活。

为了表达自己对佛祖的虔诚，白居易还仿效东晋高僧慧远与彭城刘遗民等一百多位居士在般若云台精舍建斋立誓、结为僧社的故事，与东、西林寺僧人等结社。

很快，白居易的这样美好的求佛生活便结束了。唐宪宗再一次地重视了白居易，调任他前往忠州。

当他接到朝廷新的调令时，他的内心是挣扎的。当时的白居易虽然对佛法十分感兴趣，可以算是皈依佛门，但是却依旧有一颗凡尘之心。他对自己的仕途还有期待，他对大唐的未来还有深重的责任感。

这种期待和责任感，让他放弃了继续修行，只是把佛法当成了一种救赎。被调往忠州后，白居易的报国之心再次被启发起来，他对佛学的研究也变得浅薄了起来。

回到长安后，白居易看到混乱的党政，昏庸的帝王，白居易开始对朝廷绝望，对朝廷再也不抱任何的希望。他历经了众多纷争后终于明白：朝堂并不是他最终的归处，他的归处应该是佛祖。

于是，在他的仕途步步高升的时候，白居易选择了急流勇退。他选择了告别大堂的权力中心长安，而是要求外调到“素有人间天堂”之称的苏杭地区。

与鸟巢禅师的对答

若是一心向佛，何处不是佛缘。远离了长安的白居易是轻松而惬意的。他到了杭州，便听闻西湖稀缺寺的鸟巢禅师佛法超群，于是他很快便登门拜访了。

鸟巢禅师，其实原本并不叫鸟巢禅师，他本名道林，道林禅师九岁就落发出家了，他二十一岁那年，在荆州果愿寺受具足戒，后来便投在了陕西投韬光禅师门下。

后来，道林禅师独自到秦望山游历，对秦望山的一棵大松树情有独钟。于是，他便攀上那棵茂密的大树，在树杈上盘膝而坐，开始了在树上修行的岁月。由于他把树当作住所，就像小鸟在树上结巢一样，人们便给他起了一个十分形象的称呼——鸟巢禅师。

由于鸟巢禅师佛法深厚，所以经常会有很多人站在树下向他请教佛法。白居易与鸟巢禅师的第一次会面，便是在一棵大树下。

那日，白居易到西湖来拜访鸟巢禅师，向他请教佛法。谁知，到了寺院，他遍寻不着。于是他便随手抓住一个小沙弥问道："小师父，我来拜访鸟巢禅师，不知鸟巢禅师在哪个禅房？"

"施主，鸟巢禅师并不在禅房修行。他在树上修行，您要找他，就去那棵大树上找吧！"小沙弥指着不远处的大树说道。

听了小沙弥的话，白居易十分诧异。他虽然听过鸟巢大师的佛法精妙，却对鸟巢禅师的事迹一无所知。

白居易来到大树下，只见一个仙风道骨的老和尚坐在一个摇摇欲坠的大树杈上，他的旁边竟然还有一个有几只小鸟的鹊巢。那个老和尚却安然而坐，一副颇为享受的样子。

看到鸟巢大师住在树上，白居易马上担心地说道："大师啊，你怎么坐在树上啊！这样多危险啊！"

听了白居易的话，鸟巢禅师向下看了看，问道："你是何人啊？"

白居易马上说道：“在下白居易，听闻大师佛法精妙，特来请教……”

“原来是刺史大人到访……刺史大人，贫僧的处境并不危险，您的处境才危险啊……”鸟巢大师慢吞吞地说道。

白居易听了之后，很不以为然地说道：“大师多虑了！我乃朝廷命官，有什么危险可言呢……”

“哈哈哈……刺史一直与薪火相交，纵性不停，又怎么会没有危险呢?”鸟巢禅师笑着说道。

白居易听后，想到官场的尔虞我诈，何尝不是与火相交，于是有所感悟。他混迹官场数十年都不曾看透官场的险恶，倒是被这个大师一语道破。

想到此处，白居易敬佩地说道：“大师果然佛法精妙，一语道破天机啊！大师，弟子参佛多年，却一直不知佛法大意，请大师指点弟子……”

“哈哈哈……诸恶莫做，众善奉行就是佛法大意啊!”鸟巢禅师说道。

白居易本来以为鸟巢禅师对佛法有什么更深刻的参详，却不想竟是一个这样浅显的答案，于是他异常失望地说道：“大师，这样简单的道理，就是连三岁小孩都知道啊！难道就没有什么高深的解释吗?”

看见白居易失望的表情，鸟巢禅师只是盘膝而坐，淡然地说了一句：“这样浅显的道理，三岁的娃娃都懂得，只是八十的老翁却也做不到……”

听了鸟巢禅师的话，白居易低头苦想。是啊，这样浅显的道理三岁小孩都知道，但是却即使是历经沧桑的年过八十的老翁，也不一定能做到。如果这世间，人人都不去做坏事，都积极地行善积德，那么这个世间又该是多么美好啊，没有丝毫的邪恶，到处是人间点点的温情……

想到此处，白居易的傲慢之心完全收了起来。他想，这鸟巢大师果然是得道高僧。他说的话虽然看似浅显，但却都孕育着十分深刻的道理。

“大师果然是得道高僧……弟子受教了……只是弟子还有一事请教大师?”白居易说道。

“什么得道高僧，不过是些虚名而已。我不过是一个喜欢坐在树上参禅的老和尚罢了……刺史大人对何事还有不解?”鸟巢大师说道。

“特入空门问苦空，敢将禅事问禅翁；为当梦是浮生事，为复浮生是梦中。”白居易吟道。

大意就是：我特意跑到佛门，想要知道这世间关于空无和痛苦的一些事情，因此向禅师请教禅事。我不知道是浮生如梦，还是梦如浮生?

鸟巢禅师听了白居易的诗，笑着回道：“来时无迹去无踪，去与来时事一同；何须更问浮生事，只此浮生是梦中。”

大意就是：人，生下来的时候，没有踪迹，死去的时候，也没有踪迹。无论是生是死都是没有踪迹的，因此生与死也不过是同一件事情而已。既然如此，施主你又何必这样纠结这些凡尘俗事呢，无论怎样的凡尘俗事，也不过如梦一场，施主又何必沉沦其中呢?

听了禅师的话，白居易的心情久久不能平静。人生如梦，梦如人生，再多的富贵繁华，也不过是一场梦而已，自己又何必苦苦纠结于这些凡尘琐事呢？不如早早寻求解脱的好啊！

“大师妙语，弟子受益无穷……”白居易虔诚地对着鸟巢禅师一揖，然后翩然离去。

不得不说，白居易的这次求闸对他的心灵产生了极大的激荡。受到鸟巢禅师的点化后，白居易对生死善恶有了新的看法。他开舍钱三万贯，描绘了一幅极乐世界图，然后题了一首诗：

极乐世界清净土，无诸恶道及众苦。

愿如我身老病者，同生无量寿佛国。

大意就是：极乐世界是清净的国土，是没有一切罪恶和痛苦的地方。我希望像我这样年老又有病的人，都能够一同到极乐世界去。

不仅如此，白居易听了鸟巢禅师的教诲后，还对杀生一事有了很大的抗拒。他甚至作了一首偈颂劝那些杀生的人：

莫道群生性命微，一般骨肉一般皮。

劝君莫打枝头鸟，子在巢中望母归。

大意就是：不要以为其他众生的性命就比人的性命低微，它们都和人有着一样的骨头，一样的皮肉。所以，我劝你不要打树上的小鸟，因为幼鸟还在巢中等着母鸟去喂呢。

放生，自古以来便是佛教弟子表现慈悲的一种方式。白居易作为受过多位高僧点化的佛家弟子，更是把这种慈悲发挥到了极致。他写下了很多关于放生的诗句，其中一首便是《赎鸡》：

清晨临江望，水禽正喧繁。
凫雁与鸥鹭，游扬戏朝暾。
适有鬻鸡者，挈之来远村。
飞鸣彼何乐，窘束此何冤。
喔喔十四雏，罩缚同一樊。
足伤金距缩，头抢花冠翻。
经宿废饮啄，日高诣屠门。
迟回未死间，饥渴欲相吞。
常慕古人道，仁信及鱼豚。
见兹生恻隐，赎放双林园。
开笼解索时，鸡鸡听我言。
与尔镪三百，小惠何足论。
莫学衔环雀，崎岖谩报恩。

白居易的这首赎鸡诗形象地写出了小鸡们的可怜，亦写出了白居易对他们的慈悲之心。白居易的放生之举，亦不局限于鸡。只要他遇到了杀生之事，便会生出慈悲之心。

在苏州任上，白居易鞠躬尽瘁，为了苏州百姓可谓呕心沥血。在闲暇之余，他也并没有放弃对佛法的追求。

苏州南禅寺，是白居易的又一处佛缘。南禅寺坐落在沧浪亭街西首。白居易到了苏州后，曾经发愿修建南禅院千佛堂转轮经藏，为此他四处筹集善款，直到离任后还依旧为此而到处奔走。该工程竣工后，远在东都洛阳的白居易还为它作一首《苏州南禅千佛堂转轮经藏石记》以示纪念。

南禅寺建成后，里面收藏了经卷五千余册。多年后，白居易的著作《长庆集》编纂完成。此书共抄录三本，一本藏在家里，一本藏庐山东林寺，而另外一本便藏在南禅寺内，可见白居易与南禅寺的佛缘匪浅。

即使是在长安的这段时间，白居易也经常到长安的兴善寺与兴善寺的大师谈诗论道。在与大师的谈论中，白居易对朝堂的争斗感到厌倦，也越来越多地想要早日完身心的皈依佛门。

直至远离官场，回到洛阳任上。这时的白居易虽然一心向佛，却还没有完全从红尘的琐事中解脱出来。直到他的爱子夭折、他的挚友丧生，饱经风霜的白居易终于彻底地看透了世事。他遣散歌姬，放归老马，然而飘然登上香山，开始了他的白衣佛子之旅。

谁也不曾想到，名扬天下的大诗人、一心为国为民的好官吏，最后的归宿竟是香山寺的佛堂之地。

香山，与僧如满亦师亦友

香山，对于白居易来说是有着特殊意义的。他以香山为家，以香山命名，死后更是叮嘱家人要把他葬在香山僧如满之侧。

当他看到破败的香山寺时，白居易便有了修葺之心。于是，他很快便把为好友写墓志铭的钱财都捐了出来。有了这笔钱，香山寺得以重新修葺。焕然一新的香山寺则成了白居易的大爱之所，他曾经这样写到："洛都四郊，水山之胜，龙门首焉。龙门十寺，观游之胜，香山首焉。"大意就是在洛阳这些山水之中，最美的当属龙门。而龙门有很多寺院，在这些寺院中，香山寺当属第一。可见其对香山寺的深厚感情。

在香山，白居易结识了僧如满，这个与他亦师亦友的得道高僧。如满禅师，是大唐声名远播的一位高僧，就连唐顺宗也曾经向如满禅师请教过佛法。

有一次，唐顺宗问如满禅师："大师，佛从哪里来？灭又到哪里去？既然说佛祖一直都在这个世上，它现在又在哪里呢？"

听了唐顺宗的话，如满禅师答道："佛从无为来，灭向无为去，法身等虚空，常住无心处；有念归无念，有住归无住，来为众生来，去为众生去；清净真如海，湛然体常住，智者善思维，更勿生疑虑!"

顺宗皇帝不以为然再问："佛向王宫生，灭向双林灭，住世四十九，又言无法说；山河与大海，天地及日月，时至皆归尽，谁言不生灭？疑情犹若斯，智者善分别。"

如满禅师进一步解释道："佛体本无为，迷情妄分别，法身等虚空，未曾有生灭；有缘佛出世，无缘佛入灭，处处化众生，犹如水中月；非常亦非断，非生亦非灭，生亦未曾生，灭亦未曾灭，了见无心处，自然无法说。"

这段对话的大意是：唐顺宗问如满禅师，佛在哪里？灭又到哪里去呢？而禅师便为他做了解答，你有心，看到的就是生灭的世界，你看到的也就是佛的应身；而你无心，看到的就是不生不灭的世界，那才是佛真正的法身。无心就是禅心，唯有用禅心，才知道佛真正在哪里啊!

顺宗皇帝听后觉得十分有理，因此对如满禅师更加尊重。

白居易认识如满禅师的时候，如满禅师已经是快九十岁的高龄了，白居易也已经是一个快七十的老翁了。但是二人的相见，却很快视对方为知已。第一次见面后，九十岁高龄的老禅师便亲自下山送白居易离开，白居易感动地写下了一首《山下留别佛光和尚》：

劳师送我下山行，此别何人识此情。
我已七旬师九十，当知后会在他生。

大意就是：麻烦大师送我下山了，这离别的情感又有谁能懂得呢？我已经快七十岁的高龄了，大师更是九十岁的高龄了，你们应该知道也许这就是我们最后的见面了，没准下次见面就是在来世了。

后来，白居易更是在香山结了香火社，自称“香山居士”。有了如满法师的陪伴，白居易的求佛之旅变得更加快乐起来。而这期间，白居易的信仰也彻底地从禅宗转向了净土。

其实，早在公元816年，白居易曾经在洛阳长寿寺与大比丘道嵩、存一、惠恭等六十人，以及优婆塞士良、惟俭等共八十人受八关斋戒，祈愿往生兜率陀天弥勒净土。可见，他的信仰那时候就已经开始从参禅转向净土了。

当时，与白居易一起受戒的人，还拿出了一笔钱财请人画了一幅《兜率陀天弥勒上生内外众图》，白居易亲自为之作赞。不仅如此，白居易还把这种信仰落在了实处，那就是定期吃斋持戒。

在其斋戒期间，白居易断绝了一切荤腥，只是吃素。他更严守佛教五戒，还坚决不视歌舞、不卧高床、过午不食的戒律。为此，他还作了一首《斋月静居》来描述自己的这段生活：

病来心静一无思，老去身闲百不为。
忽忽眼尘犹爱睡，些些口业尚夸诗。
荤腥每断斋居月，香火常亲宴坐时。
……

除了吃斋持戒，白居易还经常坚持坐禅实修。即使是回到了自己家中，白居易依旧专心坐禅。这让白居易的妻子和女儿也很是无奈，因为他一旦坐禅，便万事不管了。他在《在家出家》中写到：

衣食支分婚嫁毕，从今家事不相仍。
夜眠身是投林鸟，朝饭心同乞食僧。
清唳数声松下鹤，寒光一点竹间灯。
中宵入定跏趺坐，女唤妻呼都不应。

大意就是：家里的婚嫁琐事都已经尘埃落地了，我也没有什么烦心事了。无论是吃饭睡觉，我都把自己当作一个僧人了。而我一旦入定，外边的一切都与我无关了，即使是我的妻子和女儿唤我，我也不会答应了。

虽然此时的白居易早已经抛却了凡尘俗事，但是却依旧有一颗爱民之心。一年冬天，天气异常寒冷，白居易的夫人杨氏为白居易缝制棉袍御寒，可白居易只是穿了几日，便经常拿着那一件棉袍唉声叹气。

杨氏见白居易竟然如此愁苦，便问道："夫君，你怎么如此愁眉不展呢？莫非是妾身做的棉袍不合你的心意吗？"

"唉……夫人误会了。夫人为我缝制棉袍，为夫自是十分开心。我只是想到了那些穷苦的百姓……今年如此寒冷，我有妻子为我缝制棉袍，却不知道那些穷苦百姓如何御寒啊！"

看到丈夫如此说，杨氏知道丈夫一心为民，便忙宽慰道："夫君，你又何必如此愁苦……妾身虽然不参禅，却也知道此乃轮回注定，你何必又如此苦苦纠结呢？"

听了夫人的话，白居易依旧愁眉不展，他无奈地对杨氏说道：“虽然人有轮回，但是早年我曾受鸟巢禅师指点，不做一切恶事，做一切善事。只是，我人微力薄，不能为百姓造福啊！”

杨氏见白居易如此执拗，也不好多劝，只好说道：“夫君若是实在难受，不如作几首诗吧！没准作几首诗，心情就会好点了，我这就去给你准备笔墨纸砚……”

杨氏拿来笔墨后，白居易考虑多时，提笔写下了一首《新制绫袄成，感而有咏》：

水波文袄造新成，绫软绵匀温复轻。
晨兴好拥向阳坐，晚出宜披踏雪行。
鹤氅毳疏无实事，木棉花冷得虚名。
宴安往往叹侵夜，卧稳昏昏睡到明。
百姓多寒无可救，一身独暖亦何情！
心中为念农桑苦，耳里如闻饥冻声。
争得大裘长万丈，与君都盖洛阳城！

大意就是：我这件美丽的棉袍是刚做成的，面料绵温暖轻盈。不管是白天晒太阳还是晚上赏雪我都把它披在身上。我穿着这样厚的棉袍也不干什么吃苦的活儿，说木棉花儿冷是徒有其名啊。晚上与朋友分别后我经常叹息夜太黑，但是总是安稳地睡到天明。那些穷苦的百姓大多饥寒交迫，我却没有办法，一个人过着这样富贵的生活让我情何以堪啊。我心中想着农民耕种是多么的辛苦，就好像听到了那些挨饿受冻的声音。我真希望有万丈长的棉袍，这样就能与整个洛阳的百姓一起分享了。

关心民间疾苦何尝不是一种慈悲，若是白居易没有如此慈悲之心，又怎么会与佛祖有缘呢？只是光有一个人的慈悲，又怎么能挽回大唐百姓的流离失所。

公元835年，朝廷又发生了一件大事。这件大事不仅弄得整个皇宫血流成河，更是动摇了整个大唐的根基，这就是历史上著名的甘露之变。

前世，吾本一诗僧

甘露之变，是唐文宗与宦官仇士良政权的终极对决，但是失败的一方却是唐文宗。这样的结局，让那些仁人志士扼腕叹息，却都无可奈何。

那一日，二十七岁的唐文宗在大臣李训和郑注的策划下，派人领仇士良到禁卫军的后院观看甘露。他则与满朝大臣在大殿等候，准备诛杀仇士良一干宦官，可惜他派去的人胆小怕事被仇士良看出了端倪。

参与此事的李训看到事情败露，马上命人拦住仇士良。谁知起疑的仇士良奔回大殿，带着自己的人挟持了唐文宗奔回后宫。李训知道唐文宗一旦被宦官劫持，此事就彻底失败了，于是马上派自己的党羽与宦官们杀在一起。但是依旧没有拦住挟持唐文宗的轿子。李训看到大势已去，骑马逃走。

那些在大殿准备上朝的大臣们因为还被蒙在鼓里，看到李训逃走了也没有阻拦，他们还傻傻地等着唐文宗来招他们议事。

谁知等到中午的时候，竟然等来了一群见人就杀的士兵。原来宦官把唐文宗劫持到后宫后，便全然明白原来是唐文宗要杀他们。他们恼羞成怒，把唐文宗大骂一顿。唐文宗知道事情败露了，也不敢再坑声，只好任仇士良摆布。

为了泄愤，仇士良带领着宦官准备诛杀满朝的官员。当朝宰相王涯等一干朝中重臣在侍卫的护卫下逃出大殿，没有逃出的六百多人则全部被仇士良关起来诛杀，整个皇宫成了人间地狱，到处都弥漫着血腥味。

逃走的王涯等人很快被宦官抓住，被迫承认与李训合谋造反。仇士良见王涯等人承认，便派士兵到处抓捕他的党羽。在抓捕过程中，仇士良等人滥杀无辜，抢掠钱财，使整个长安城都陷入了一片混乱之中。

这样血腥的残杀和掠夺直到第二日上朝才宣告结束。上朝后，仇士良拿出王涯写好的罪状，让唐文宗定夺。唐文宗只好完全按照宦官的意思行事，诛杀李训、王涯、郑注全家，更是命令百官围观。之后，唐文宗彻底地失去了实权，整个朝堂都被宦官把持。

甘露之变的消息传到洛阳后，白居易又心痛又感慨。为整个大唐竟然变成这副模样心痛，同时又对王涯等人的结局感慨。因为王涯与他可是有仇的，他被贬江州便是王涯落井下石的结果。与白居易的急流勇退相比，王涯一直位居高位，甚至当了多年的宰相，本来荣宠一时，却想不到竟然落得如此结局。在王涯死后，白居易便作了一首诗：

祸福茫茫不可期，大都早退似先知。

当君白首同归日，是我青山独往时。

顾索素琴应不暇，忆牵黄犬定难追。

麒麟作脯龙为醢，何似泥中曳尾龟？

大意就是：祸与福都是无法预料到的，那些提前早退的人似乎是先知一样。当你们白了头一同归去的时候，正是我独自逍遥青山的时候。即使我现在为你们弹奏一曲也来不及了，回忆起咱们一起牵黄狗打猎的情景真是追悔莫及。现在麒麟被做了成干肉，龙被做成了肉酱，哪里比得上泥塘里摇着尾巴的乌龟啊。

甘露之变后，白居易更加醉心山水，一心向佛，对于朝廷之事完全达到了不闻不问的地步。与白居易交好的刘禹锡在经过甘露之变后，才猛然发觉原来自己一直不曾看透朝堂，只有白居易的选择才是最正确的选择。于是，他效仿白居易挂印而去，退居到洛阳，与白居易一样纵情山水。

刘禹锡回到洛阳后，白居易和裴度为他接风洗尘。三人相见竟然默然无语，分宾落座后，白居易见裴度和刘禹锡都异常悲痛。只好开口劝道："裴公，刘兄，事已至此，你们又何必如此伤痛呢？"

"真没想到，竟然会发生这种事！我大唐的百年基业将毁在这些宦官手中啊！"裴度痛哭道。

白居易知道裴度当了这么多年的宰相，对朝廷有着很深厚的感情。看到自己的恩师如此，白居易的心情十分沉重。他看看刘禹锡也是一副痛心不已的样子，知道若是自己不打破此局，只怕今天的宴会就将不欢而散啊。

"裴公，你莫要伤心！我们早已经远离朝堂，就只做个安逸的闲人便是了。朝廷的事情就让那些身居朝廷的人操心吧……"白居易劝道。

"唉……真想不到前些日子我还同李训等人开怀畅饮，如今他们竟然都已经身首异处……"刘禹锡心有余悸地说道。

"世事无常，既然我们无法左右，何不彻底放开呢……裴公，刘兄，今日我们难得一聚，何必说这些伤心的事情呢？不如开怀畅饮，一醉解千愁啊！"白居易豪迈地说道。

"唉……白兄果然是真正的智者啊！这份洒脱，我刘梦得与裴公都望尘莫及啊！"刘禹锡被白居易的豪情感染，心情也有所好转。

"不错，如今这个世道，也只有与白老弟一样洒脱，内心才不会备受煎熬啊！今日，我们就不谈政事，只是尽情畅饮！"裴度本是豪爽之人，见白居易如此说道，也变得洒脱了不少。

自此之后，裴度与刘禹锡经常与白居易一样游山玩水，有时候也去香山寺拜佛听经。每次看到白居易一身白衣，坐在佛祖座下，二人都觉得白居易此人当真像是佛教中人。

经历了甘露之变后，白居易开始长时间地参禅论道。即使是在病中都不忘与好友谈佛论道。他还作了一首《病中看经，赠诸道侣》：

右眼昏花左足风，金蓖石水用无功。
不如回念三乘乐，便得浮生百疾空。
无子同居草庵下，有妻偕老道场中。
何烦更请僧为侣，月上新归伴病翁。

大意就是：我现在已经老眼昏花，一身病痛了，即使用了再多的药食也无济于事。既然这样的话，我还是多念念经呢，没准我的病就都没有了。我没有儿子养老，但有一个老妻相伴。我现在不需要请一个僧人与我相伴，因为自有月上这个新妇与我相伴。

从这首诗中，我们可以看出白居易早已经对自己身患的疾病不以为意。他开始相信人世间的生老病死，是谁都无法逃脱，只有脱离了人世间的轮回之后，才能不受人间病痛的困扰。于是，他开始无比地向往自己的来生。

不仅如此，随着对佛法的研究，白居易开始慢慢相信轮回转世之说。在香山寺中，他不止一次地想过自己的前世今生。他曾经写了一首诗来描述自己的前世：

辞章讽泳成千首，心行归依向一乘，
坐倚绳床闲自念，前生应是一诗僧。

大意就是：我写了那么多诗，心却皈依了佛门。我坐在床上闲来无事便会念诗诵经，我想我前生应该就是一个诗僧。除了自己的前生，白居易也开始为自己的将来打算。

白居易一直钟情于香山寺的宁静，他想如果自己百年之后，能够葬在香山，真是最好的归处。在他的《香山寺二绝》中，他这样写到：

其一

空门寂静老夫闲，伴鸟随云往复还。
家酿满瓶书满架，半移生计入香山。

其二

爱风岩上攀松盖，恋月潭边坐石棱。
且共云泉结缘境，他生当作此山僧。

大意就是：他最是喜欢香山寺的宁静和美好，希望来生能够在此处出家为僧。可见，对于自己的归处，白居易已经完全寄托给了弥勒佛祖。他不求富贵，不求权势，只求来生能在香山之地做一个现实的僧人。

不仅如此，对于自己灵魂的归属，白居易也有了深刻的想法。他希望自己死后的灵魂能够归于弥勒菩萨的居住，去享受那里的美好与安宁。

心有所安，魂有归兮，白居易对前世今生都作了最好的安排。

于是，在他余下的岁月中，白居易开始整理藏书、著书立传、醉吟人生、积善行德，同时也开始了他人生最后的一段征程。

第九卷

翩然归去，徒留诗词在人间

多年后，他翩然而去，留下的是数不尽的藏书，还有那上千首的诗篇。他的一生跌宕起伏，却流传下来了无数脍炙人口的故事。千百年后，你无论去哪片他曾经去过的地方，都会发现，他从不曾走远……

藏书，永远的人间瑰宝

藏书，是最能传递文化的使者。我们对历史的每一次挖掘，都来源于书卷。白居易作为一个文人，更是明白其中道理。因此，在他的晚年，他做的最重要的一件事就是整理自己的书稿。

早在很多年前，白居易任校书郎时，就曾经与同为校书郎的好友元稹一起整理过集贤院的藏书。当他们站在那一架架书籍前时，内心极其震撼。那时候，一个小小的种子就坚定地种在了白居易的心中，千百年后，自己一定也要有一卷书流传于世。

因此，白居易发达后，他便建立了一座藏书楼，名曰“池北书库”。他在这个书库中不仅收录了自己的所有文集，更是珍藏了很多的名家名本。在他的《池上篇》中，他曾经这样写到：“罢刑部侍郎时，有栗千斗，书一车。”

白居易整理的这些书中，最值得一提的便是他的《白氏长庆集》

了。因为在这集书里，他不仅收录了自己的大量诗词，更是收录了他为官多年的判决书。这就是对后世断案颇具影响力的《甲乙判》。

据悉，《甲乙判》，又被称为《白居易甲乙判》，共有判决书一百多例，收录在《白氏长庆集》的第二十六、二十七卷里。里面所载的“判决书”，不仅合乎法度，还兼顾人情，让人读起来妙趣横生，精彩处，往往拍案叫绝。

在这本《甲乙判》里记载了一些十分经典的案例，例如：

甲的妻子亲人去世了。她因为亲人去世，异常悲伤。而甲却丝毫不顾及妻子的感受，依旧在她身边弹琴奏乐。妻子对甲的行为忍无可忍，便把他告上了公堂。

对此，白居易在“判决书”中写到：“俨衰麻之在躬。是吾忧也；调丝竹以盈耳，于汝安乎？”大意是：我丧服在身，忧伤非常；而你却不会体谅，依旧兴高采烈地弹琴奏乐，你就那么安心吗？

在白居易的笔下，甲的无德无理，几乎跃然纸上。乙半夜不回家，依旧在大街上游荡。巡查官看到后，便把他抓了起来，说他犯了宵禁令。乙对此十分不满，反驳道：“我有什么不对，我有公务在身，准备早点上朝。”

在白居易的判决书中，白居易这样写到：“非巫马为政，焉用出以戴星？同宣子俟朝，胡不退而假寐？”大意就是：现在又不是奸臣当道的时代，你犯得着这么披星戴月的吗？如果你真的是个忧国忧民的忠臣，为什么不在家休息好了再出来工作呢？这样不是更有精神啊！

这样的判决既巧妙又合理，让犯人无可辩驳，又让观者哑然失笑。

丙的官职和本州刺史相同，但职位却比本州刺史低，可是他见到刺史时，却不行拜礼。有人知道这件事后，便批评他太过于失礼了。而他却振振有词地说："我跟他的级别是一样的，他不拜我，我干吗要拜他！"

白居易的判决书礼这样写到："或商周不敌，敢不尽事君？今晋郑同侪，安得降阶卑我？"大意就是：周王朝三分天下，自己就占了其二，这样广大，却依旧向商俯首称臣；晋国和郑国在国际上的地位也相同，但是谁又敢小看他啊？

如此犀利，对丙的指责不言而喻。

丁和自己的妻子结婚后，一直没有孩子。公婆便准备直接把她休掉。丁妻子很伤心欲绝，大哭道："即使把我休回娘家，也没人会娶我了。你们如此无情，这不是逼我去死吗？"

对此案，白居易这样写到："虽配无生育，诚合比断弦；而归靡适从，度可同于束缊。"大意是：她虽然婚后不能生育，确实可以比作断弦；但是被休后却会无所适从，处境悲惨，令人倍感同情。

只可惜，在那个"不孝有三，无后为大"的封建时代，即使是同情也没有办法。毕竟同情归同情，法律才是衡量一切对错的标准。对于法律照顾不到的地方，白居易只能唉一声，叹一声，却只能无可奈何了。

白居易的这些判词，引经据典，称得上通变古今。多年后，白居易的《甲乙判》成为"明法科"科举考试的样板。之后，即使时间迁移，岁月变迁，这本《甲乙判》一直源远流长，有着不可替代的现实意义。白居易，也因为此书，被后人赞誉为"青天"，在律法界占了属于自己的一席之地。

除了自己的诗文，白居易还整理了一些好友和自己往来的书信集。如：《元白因继集》《刘白唱和集》《洛下游赏宴集》（又名《洛中集》）等。但是这些诗文中最出名的就是《元白因继集》。

在《元白因继集》里，白居易详细地记载了自己与好友元稹的所有书信往来和那些闻名于世的诗文。这些诗文，不仅成为白居易私家藏书的一部分，更是见证了他们之间的深情厚谊。

当然，他们之间的这些诗词，因为太过浓情蜜意，以至于现在的人们读起来有一些“香艳”。据说，虽然历史上有很多相互唱和诗章的文人们，但是如同元白这样柔情蜜意的，几乎少之又少。

宋代大诗人杨万里看了元白的唱和诗，都纳闷地说道：“读遍元诗与白诗，一生少傅重微之。再三不晓渠何意，半是交情半是私。”意思很明显，两个人之间的诗歌唱和，除了彼此的交情，就是彼此的私情了。而元白的唱和诗，确实有些“私情”太多了。

早在白居易担任校书郎时，与同样担任校书郎的元稹就经常同吃同住。有一次，白居易劝元稹喝了很多酒，元稹醉后，便写了一首《酬乐天劝醉》调侃白居易：

神曲清浊酒，牡丹深浅花。
少年欲相饮，此乐何可涯。
沉机造神境，不必悟楞伽。
酡颜返童貌，安用成丹砂。
刘伶称酒德，所称良未多。
愿君听此曲，我为尽称嗟。
一杯颜色好，十盏胆气加。
半酣得自恣，酩酊归太和。

共醉真可乐，飞觥撩乱歌。
独醉亦有趣，兀然无与他。
美人醉灯下，左右流横波。
王孙醉床上，颠倒眠绮罗。
君今劝我醉，劝醉意如何。

大意就是，兄弟，你劝美人喝酒，美人醉倒灯下，玉体横陈，秀色可餐。你劝王孙公子喝酒，他们醉倒了，与美人颠倒绮罗。你这样劝我喝酒，又是为了什么呢？这些诗句虽然只是调侃，却也未免有些太过风流了。

当白居易被贬出长安后，元稹对好友也是十分思念，就又写了一首更加香艳的诗：

放鹤在深水，置鱼在高枝。
升沉或异势，同谓非所宜。
君为邑中吏，皎皎鸾凤姿。
顾我何为者，翻侍白玉墀。
昔作芸香侣，三载不暂离。
逮兹忽相失，旦夕梦魂思。
崔嵬骊山顶，宫树遥参差。
只得两相望，不得长相随。
多君岁寒意，裁作秋兴诗。
上言风尘苦，下言时节移。
官家事拘束，安得携手期。
愿为云与雨，会合天之垂。

云雨之情，自古以来多说男女之事。元稹虽然想要表达对白居易的相思之情，但用云雨之说来形容，也未免惹人遐想。再看元稹的这首《和乐天秋题曲江》：

十载定交契，七年镇相随。
长安最多处，多是曲江池。
梅杏春尚小，芰荷秋已衰。
共爱寥落境，相将偏此时。
绵绵红蓼水，飏飏白鹭鹚。
诗句偶未得，酒杯聊久持。
今来云雨旷，旧赏魂梦知。
况乃江枫夕，和君秋兴诗。

这首唱和诗中，竟然再次提到了云雨之事。元稹的另一首《三月二十四日宿曾峰馆，夜对桐花，寄乐天》，写到彼此的情意，也是亲密不已：

微月照桐花，月微花漠漠。
怨澹不胜情，低回拂帘幕。
叶新阴影细，露重枝条弱。
夜久春恨多，风清暗香薄。
是夕远思君，思君瘦如削。
但感事睽违，非言官好恶。
奏书金銮殿，步屣青龙阁。
我在山馆中，满地桐花落。

若说元稹写给白居易的诗颇为“暧昧”，那么白居易写给元稹的诗酒称得上“明媚”了。白居易在《待漏入阁书事，奉赠元九学士阁老》中，竟然写到：

衙排宣政仗，门启紫宸关。
彩笔停书命，花砖趁立班。
稀星点银砾，残月堕金环。
暗漏犹传水，明河渐下山。
从东分地色，向北仰天颜。
碧缕炉烟直，红垂佩尾闲。
纶闱惭并入，翰苑忝先攀。
笑我青袍故，饶君茜绶殷。
诗仙归洞里，酒病滞人间。
好去鸳鸾侣，冲天便不还。

“鸳鸯侣”，本是形容情人和夫妻之情。而白居易竟然想要与元稹做一对鸳鸯侣，不得不让人百般深思了。

但是不论白居易与元稹是否有私情，他们之间这些书信往来得以保留，不得不说是白居易藏书的功劳。

不仅如此，白居易还以自己的藏书为基础，编撰了一部词语佳句类书——《白氏经史事类六帖》（又名《白氏六帖》）。该书分为一千三百余门，以类汇集。宋代黄鉴对此书有如此记载：“人言白居易作《六帖》，以陶家瓶数千，各题门目，作七层架，列置斋中。命诸生采集其事类，投瓶中。倒取之，抄录成书。”可见，白居易的藏书对后世人还是有很大影响的。

白居易的这些藏书，除了自己家中，便是在两处寺院收藏，一处是庐山的东林寺，一个是苏州的南禅院。其中，庐山东林寺不仅是思想文化传播的一个中心，还是唐代中国中部、南部最大、最著名的藏书地点。

据悉，庐山东林寺藏书有万余卷，其中一半是佛教经典，另一半则是与佛教相关和非佛教的一些书籍。这些书籍，基本上都对外开放的，因此，东林寺吸引了无数学子的到访。在东林寺藏书的这些人，后来有三十多人做了高官，其中就包括三个宰相和十五个著名诗人，毫无疑问白居易赫然在列。

醉吟，白衣鸠杖一老翁

晚年的白居易除了整理收藏那些珍贵的书籍外，还有一个常态便是醉吟了。所谓醉，便是饮酒；所谓吟，便是吟诗作赋。他完全效仿了自己外祖父的晚年，时不时喝个小酒，然后趁酒酣之时，吟诗作赋。

但是白居易酿造的酒，已经不能与过去同日而语了。据说，白居易自家酿的酒品质十分高，即使与那些名扬四海的好酒相比亦毫不逊色。他曾经写诗赞美自家的好酒：

开坛泻罇中，玉液黄金脂；
持玩已可悦，欢尝有余滋；
一酌发好客，再酌开愁眉；
连延四五酌，酣畅入四肢。

古人嗜酒如命，经常抱着好酒独酌。但是，白居易却恰恰相反，因为他认为独乐乐不如众乐乐。因此，每次白居易酿造出好酒，便会与人分享。即使是在自己最为落魄的时候，白居易的这种慷慨也不曾改变，因此至今渭北一代仍然流传着白居易“造酒除夕赏乡邻”的故事。在渭北的那段时期，可以算得上是白居易最为落魄的一个时期了。

到了洛阳，白居易的美酒更加芳醇，与他喝酒的人也多了起来。原来的宰相裴度与白居易正是邻居。裴度对白居易有知遇之恩，因此白居易对裴度一直非常尊敬。因此，每次喝酒，白居易一定会把裴度奉为座上宾。

除了裴度之外，还有一个人就是刘禹锡。自从元稹去世后，白居易便少了一个可以与他喝酒应和的人，而刘禹锡的出现却恰恰弥补了这种空白。刘禹锡的才情比之元稹也丝毫不逊色。刘禹锡在和州任上曾经写过的一首《陋室铭》更是让自己惊叹不已：

> 山不在高，有仙则名。水不在深，有龙则灵。斯是陋室，惟吾德馨。苔痕上阶绿，草色入帘青。谈笑有鸿儒，往来无白丁。可以调素琴，阅金经。无丝竹之乱耳，无案牍之劳形。南阳诸葛庐，西蜀子云亭。孔子云：何陋之有？

从诗中便可以看出刘禹锡的确是一个品德高尚的人。从某种程度上说，刘禹锡要比元稹更为清高。因为元稹对于权势富贵尤为看重，而刘禹锡却是一个对权势富贵看淡的人。

刘禹锡对权势的这种态度与白居易可谓不谋而合，因此，刘禹锡很快便也成了白居易府里的贵客。更令白居易感到舒服的是，刘禹锡跟自己一样也是裴度十分看重的人。以往自己宴客，因为元稹与裴度不和，总是会出现小的状况，让大家左右为难。而如今换成了刘禹锡，这种状况就彻底消失了，三人经常品酒论诗，好不惬意。

在白居易被封为同州刺史的时候，裴度和刘禹锡非常高兴，纷纷向白居易表示祝贺，不料白居易竟然辞而不受。二人对此十分诧异，均对白居易各种劝导。

“白老弟，朝廷如此重用你，你又何必辞而不受呢？更何况，如今朝廷正是用人之际，陛下一直有铲除宦官的洪志啊！”裴度说道。

“是啊，白兄，同州可谓京城的大门，如此重地，又官禄丰厚，你为何不去呢？”刘禹锡也问道。

看到他们二人对自己此举都如此不解，白居易笑道：“哈哈哈……裴公莫恼，刘兄莫急啊！白某人如今已经白衣鸠杖一老翁，那还有什么力气担当重任啊！以后我只想喝喝酒，吟吟诗，安度晚年罢了……”

“小弟真是佩服白兄的洒脱啊！如今我依旧有一颗报效朝廷之心，只是无奈宦官当道，没有我的用武之地啊！”刘禹锡感慨道。

“刘兄又何必妄自菲薄呢！刘兄品德高尚，壮志豪情，哪里是白某及得上的……我现在不过是胸无大志，只向佛陀而已……”白居易真诚地说道。

“白老弟你就是不考虑自己，也要考虑下自己的家人啊！你一直任这些闲散的官职，怎样供养一家老小啊！”裴度继续劝道。

“裴公莫急，我已经想好要把京城的房子卖掉了！有这些钱财，一家老小的后半生当无忧了啊！”白居易说道。

“没想到白兄竟连京城的宅院都要卖掉了！白兄，真的打算以后再不回长安了吗？”刘禹锡问道。

“呵呵……再回长安我就是客了啊！我的心早就归属了洛阳，以后去长安也不过是去游历而已……”白居易说道。

“你真的不打算再回朝堂了吗？你的这一身才华岂不浪费了吗？”裴度说道。

“哈哈哈……裴公啊，白某哪里有什么才华……如今我病体一身，哪里还有什么气力入朝为官啊……”白居易说道。

“唉……你们二人都是我的得意门生，一个一心向佛，一个郁郁不得志……真是令我惋惜啊！”裴度见白居易竟然真的打算不再入朝为官，便唉声叹气地说道。

“裴公何必唉声叹气呢……人生在世不如意事十有八九，我们何必如此在乎呢……来来来，我们开怀畅饮，今日一定要尽兴而归……”白居易劝道。

裴度与刘禹锡本是豁达之人，于是也都纷纷饮酒，直至三人大醉而归。酒醒之后，白居易便收到了杨虞卿的书信，大意就是他怎么能辞而不受呢？看到杨虞卿的书信，想到同州之事，白居易心有所想，于是便赋诗一首：

同州慵不去，此意复谁知。

诚爱俸钱厚，其如身力衰。

可怜病判案，何似醉吟诗？

劳逸悬相远，行藏决不疑。

徒烦人劝谏，只合自寻思。

白发来无限，青山去有期。

野心惟怕闹，家口莫愁饥。

卖却新昌宅，聊充送老资。

大意就是，我不去同州的原因你们怎么会知道呢？我虽然也想要多拿点俸禄，但是我的身体已经衰竭了。如果我拖着病体判案的话，那么哪里还能喝酒和吟诗呢。我应该劳逸结合，别人虽然劝谏，但是我也有自己的想法。我已经满头白发，没准很快就会死去，我也没什么野心了，家里的人呢也不会愁没饭吃，因为我打算卖掉新昌的宅子，以当作自己养老的资本。

从此诗中可以看出，白居易早已经抛弃了官场，只想要惬意地在洛阳做一个能醉能吟的老翁。公元838年，白居易效仿晋代的大诗人陶渊明的《五柳先生传》写了一篇《醉吟先生传》。在这篇《醉吟先生传》中，白居易写到：

有一个叫醉吟的先生，谁也不知道他是谁，也不知道他的姓名、籍贯、官职。只知道他做了三十多年的官，后来老了，就到洛城隐居了。

他的居所有池塘、竹林、乔木，台榭、舟桥也一应俱全，他在这里生活得十分快活。他的家中虽然清贫，但还能温饱，他虽然年纪大了，但是还不至于糊涂。

这个人生性喜欢喝酒、喜欢抚琴、喜欢吟诗，因为有许多的酒徒、琴友、诗客与他来往。除了游乐之外，他还寄心于佛教，对佛法颇有研究。他跟嵩山的高僧如满是佛门中的朋友，喝平泉的韦楚是山水之友，跟彭城的刘梦得是诗友，和安定的皇甫朗之是酒友。每次遇到这些人，他都高兴地忘了回家。

洛阳城内外，那些道观、寺庙、山丘、野墅，他都去游玩过。哪里有美酒有好的歌舞音乐，他也都去拜访过。无论是洛阳的官员，还是平常的百姓有邀请他去赴宴的，他都会欣然前往。每当良辰美景，或明月当空，或初飘落雪，他都会和自己的好友搬来酒坛，打开诗箧，然后一边喝酒，一边吟诗，等到酣畅淋漓的时候，便抚琴弹奏一曲《秋思》曲。

如果有兴致，便会让家里的僮仆们调好管乐丝弦合奏一曲《霓裳羽衣》。高兴之余便会命令自己的歌妓咏唱新《杨柳枝》，然后纵情娱乐，直到大醉了为止。

平常他若是来了兴致，便会鸠杖白衣，出门行走，坐马车的话，轿中一定会放着一把琴和一个枕头，还有几卷陶渊明和谢灵运的诗卷。轿子旁边还要挂着两壶美酒，他便一边游山玩水，一边饮酒抚琴，直到过足了瘾才回家。

就这样过了十多年，白居易作了很多诗，酿了很多酒。他的家人们都担心他玩物丧志，经常规劝他，可是他依旧不听。他们说得多了，他才会反驳道："每个人都是有所偏好的，我也一样。如果我喜好追逐名利，那么家里钱太多了，难免会招惹灾祸。如果我喜欢赌博，一掷千金，那么家里很快便会倾家荡产。如果我喜好的是道术仙丹，那么一定会无所事事，最后虚度时光。而我只是纵情于饮酒赋诗，虽然有些放纵，但是无伤大雅。这也是为什么刘伶和王绩游于醉乡却不听人劝说的原因啊。"

他看着酒房的那些酒瓮，坐在地上仰面长叹："我生在天地间，才能品行都比不上古人，但是我比黔娄有钱，比颜回长寿，比伯夷能吃饱饭，比荣启期快乐，比卫叔宝健康，我还是很幸运的。我还有什么可求的呢？如果我连我的爱好都舍弃了，那我怎么终老啊！"于是，他便吟诵了一首《咏怀诗》：

抱琴荣启乐，纵酒刘伶达。

放眼看青山，任头生白发。

不知天地内，更得几年活。

从此到终身，尽为闲日月。

吟完这首诗后，他便又打开酒坛，喝了很多酒，直到醉倒。等醒了之后，他便继续吟诗，继续喝酒。他就这样喝了醉，醒了喝，周而复始……一直到完全醉糊涂了，都不知道自己已经老了，这就是古人说的从酒中获得圆满啊，因此他便自称为醉吟先生。

公元 838 年，这个老先生已经六十七岁了，胡须全白了，头发也掉得不剩多少了，牙齿也残缺不全了，但是他喝酒吟诗的兴趣却一点也没有减弱。他回头对自己的妻子说："以前，我过得十分舒畅，不知道今天之后，我还有没有这种兴致。"

这篇《醉吟先生传》里的这个醉吟先生，无疑就是白居易自己。白居易的晚年也确实当得起"醉吟"二字，他完全抛弃了官场的一切，只是畅游在佛法、美酒、诗词的世界里。

千金散尽，捐资八节滩

公元 840 年，唐文宗在宦官的百般压迫下，抑郁而死了，享年三十二岁。文宗在世时，曾立唐敬宗的幼子陈王李成美为太子。但还未来得及举行册封仪式，他就病重了。临终时，唐文宗把李成美托付给宰相杨嗣复和李珏。

但时那个时候，宰相早已经没有实权了。连皇帝都是宦官的傀儡，更何况是宰相了。宦官仇士良和鱼弘志觉得太子不是自己立的，因此马上废除了遗诏。他们改立唐文宗的弟弟颍王李炎为皇太弟，并在文宗死后，逼李炎赐死了李成美。

而此时的白居易已经是一个七十岁的老翁了，虽然朝廷已经更新换代了，但是白居易的一颗向佛之心却依旧没有改变，而是历久弥新了。这一年，他作了一篇《画弥勒上生帧记》来表达自己对弥勒净土的信仰，以及对于自己来生的期盼。他在这里面写到："愿当来世，与一切众生同弥勒上生，随慈氏下降，生生劫劫，与慈氏俱永离生死流，终成无上道。"

第二年，白居易又花钱请人按《阿弥陀经》和《无量寿经》画了一幅大型极乐世界图和一幅西方三圣像。之后，他便日日焚香，顶礼膜拜。他还写了一首《念佛偈》：

余年七十一，不复事吟哦。看经费眼力，作福畏奔波。
何以度心眼，一声阿弥陀。行也阿弥陀，坐也阿弥陀。
纵饶忙似箭，不离阿弥陀。日暮而途远，吾生已蹉跎。
日夕清净心，但念阿弥陀。达人应笑我，多却阿弥陀。
达又作么生？不达又如何？普劝法界众，同念阿弥陀。

这首《念佛偈》流传甚广，至今仍脍炙人口。其实，白居易的晚年很少诵经，他只是专心念诵阿弥陀佛名号。每念一次佛号，白居易的心灵就会净化一分。他早已经对今生的功名利禄，荣辱得失，失去了兴趣。他开始寄希望于来生，希望自己的来生能与佛祖有一个最美丽的邂逅。

公元842年，白居易辞去了太子少傅的官衔，以刑部尚书的名义告老还乡。同年，白居易的好友刘禹锡病逝。听到噩耗后，白居易十分悲痛，马上到刘禹锡府中吊唁。

在吊唁的过程中，白居易看到了刘禹锡的一个门下弟子——花间派的代表人物温庭筠，也就是我们至今都会吟唱的《菩萨蛮》的作者。他的一首《菩萨蛮》让多少痴男怨女醉倒在爱情里：

小山重叠金明灭，鬓云欲度香腮雪。
懒起画蛾眉，弄妆梳洗迟。
照花前后镜，花面交相映。
新贴绣罗襦，双双金鹧鸪。

在吊唁过程中，温庭筠也展示出了出众的才华，为刘禹锡写了两首挽歌，惊艳当场：

王笔活鸾凤，谢诗生芙蓉。学筵开绛帐，谈柄发洪钟。
粉署见飞鹏，玉山猜卧龙。遗风丽清韵，萧散九原松。
麈尾近良玉，鹤裘吹素丝。坏陵殷浩谪，春墅谢安棋。
京口贵公子，襄阳诸女儿。折花兼踏月，多唱柳郎词。

白居易看了温庭筠的大作，大赞奇才。之后，在众人的推举下也写了两首诗吊唁刘禹锡：

四海齐名白与刘，百年交分两绸缪。
同贫同病退闲日，一死一生临老头。
杯酒英雄君与操，文章微婉我知丘。
贤豪虽殁精灵在，应共微之地下游。
今日哭君吾道孤，寝门泪满白髭须。
不知箭折弓何用，兼恐唇亡齿亦枯。

窅窅穷泉埋宝玉，駸駸落景挂桑榆。

夜台暮齿期非远，但问前头相见无？

在刘禹锡的府中，白居易还碰到了自己多年的好友李程。李程与刘禹锡情谊深厚，有很多诗词往来。二人痛失挚友，都大哭不止。吊唁完刘禹锡后，白居易邀请李程到府一聚。

二人回忆起曾经同居翰林院的几位好友都嗟叹不止。白居易发现曾经和他一起做官的好友均已经当过宰相了，只有自己一直不曾位极人臣，无限感慨地说道："想当初，我们翰林院一共六人，其余五人都曾经位极人臣，居宰相之位，只有我成了一个老渔翁啊！"

"白兄，你何必妄自菲薄呢。他们虽然曾经荣华一时，但是有些人的下场却是异常凄凉啊！就拿王涯来说吧，虽然曾经不可一世，但是最后却落得个身首异处，至今他的家眷依旧为奴为婢啊！而白兄你虽然没有登上过宰相之位，但是如今却逍遥自在，仙风道骨，何尝不令人羡慕呢？"

"没想到王氏一族的下场竟是如此凄凉……"白居易无限感慨道。

"是啊！再者，白兄虽然不曾在官场上大红大紫，但是在诗词上面却早已经是名扬天下，有几人能及啊！"李程恭维道。

"李兄太过抬举白某了。无论是元稹老弟还是梦得兄，我都无法企及！"白居易说道。

"白兄，太过谦虚了！你和元稹老弟齐名'元白'，与梦得兄齐名'刘白'，你与他二人完全可以比肩啊！"李程说道。

"我与他二人都是至交好友，只是他二人都离我而去，独留我一个人孤独在世，即使再想唱和，还能有谁与我共与啊！"白居易想到好朋友的仙逝，不禁黯然神伤。

“白兄啊……你字乐天，为人更是洒脱，今日是怎么啦？怎么这样看不开呢……再说，如今的诗坛早已经是人才辈出，怎么会没人与你唱和呢？”

“唉……是啊！我已老矣，早就江郎才尽了，以后还是年轻人的天下啊！今日，我在刘府看到温庭筠的诗词，的确异常惊艳啊！只是温庭筠的诗太过婉约了，没有梦得兄一代诗豪的风范啊……”白居易点评道。

“白兄，梦得兄还有高徒啊！你可看过他的弟子李商隐的文章？他的诗构思新奇，赋风月之文，与你相比，也不逞多让啊！白兄一定要读读啊！”李程建议道。

在李程的建议下，白居易辗转看了李商隐的文章，马上惊为天人。

这年秋天，唐武宗想要授予白居易宰相的官职。白居易的死对头李德裕知道后马上从中作梗。他对唐武宗说道：“陛下，白居易如今已经七十多岁了，又一身病体，怎么能担当宰相的要职呢？陛下要三思啊！”

“果真如此？朕只是久闻白居易才华出众，不曾想他已经这样老了……”唐武宗叹道。

“陛下，果真如此。不过臣听闻白居易的族弟白敏中才华出众，不输于白居易，陛下可以用之……”李德裕说道。

唐武宗听了李德裕的话，便打消了任白居易为宰相的念头，改任白居易的族弟白敏中为翰林学士。

而白居易对此事却毫不知情亦毫不关心，他正一门心思地为一个叫“八节滩”的地方发愁。

八节滩，位于洛阳龙门潭南面伊河段，此滩七拐八弯，怪石嶙峋，河中急流奔腾直下，急流却又如乌龙绞柱，来回翻滚。过往船只经常飞流直下，躲避不及，便会马上触礁而亡。多年来，这里已经埋下了累累尸骨，让船夫们望而生畏。因此，此地又被船夫们称之为“鬼门关”。

这年冬天，白居易到此地游玩。走到八节滩附近，便看见了这样的一幕：面对水流湍急，险象环生的八节滩，一支船队不敢顺流而下，只好在寒冬腊月纷纷跳入冰冷刺骨的水中，用力地把船拖过八节滩。谁知，眼看就要过去了，一个老者体力不支，稍一松懈，竟然被水流冲走，撞在峭石上，粉身碎骨……

白居易看到此情此景，悲痛不已，于是动了恻隐之心。他决定捐款修整八节滩，让船夫们能安全过河。回到家中，白居易便拿出了家里所有的钱财。只是，他的家资太少，与修整八节滩所需的费用相差甚远。

此时的白居易已经七十二岁的高龄了，的确像李德裕说的那样早已经老眼昏花了，连路都走不了了。但是，白居易为了造福那些船夫们，竟然拄着拐杖，到处游说，为八节滩筹集善款。

但是，这世间又有几人能有白居易的慈悲之心与慷慨之意。世人虽然崇拜白居易，但是一旦涉及到自己的腰包都纷纷退缩了。因此白居易为了筹集善款，可以说是处处碰壁。每次碰壁后，白居易的心情就十分不好。

有一次，他又在外边碰壁了。回到家中，他郁郁寡欢，觉得世人怎么就没有一颗慈悲之心呢。他的妻子杨氏看到他如此，十分心疼，就对他说："夫君，你我已经是将要入土之人了，你又何必非要管这些闲事呢？即使你是这里的地方官，要疏通八节滩都不容易。更何况现在只有你一人之力呢？"

"夫人此话虽有理，但是若不修此滩，船夫们势必年年葬身于此，我心难安啊！"白居易说道。

"夫君，这世间的不平事何其多，你哪里又管得过来啊！更何况，咱们已经过继了行简的儿子，我们也要为他们打算啊！"杨氏说道。

"我白家子弟自当自立门户，哪里用得着前人的荫蔽。更何况，这些钱财乃是积德行善，救的是无数人命啊！我何尝不知世间不平事众多啊，只是，只要我白某看到的，怎么也要尽力一搏！"白居易坚定地说道。

看到丈夫如此执拗，杨氏也不好多说，只好又劝了几句，然后惆然而去。

在白居易的游说下，终于有几位僧人决定出钱资助。资金到位后，白居易带领民众历经两年的时间，终于疏通了八节滩。在八节滩通船的那天，白居易亲笔写下了两首《开龙门八节滩》刻在河边的巨石上，其中一首写到：

七十三翁旦暮身，誓开险路作通律。
夜舟过此无倾覆，朝胫从今免苦辛。
十里叱滩变河汉，八寒阴狱化阳春。
我身虽殁心长存，暗施慈悲与后人。

自从八节滩开通后，白居易的心情就变得异常欢喜。他觉得此事可以说是他晚年最得意的一件事情了。在他看来，能在自己将死之时，造福百姓，此生还有什么可以遗憾的呢。闲暇之时，他便写了首《欢喜二偈》来表达自己的欢愉之情：

得老加年诚可喜，当春对酒亦宜欢。
心中别有欢喜事，开得龙门八节滩。
眼暗头旋耳重听，唯余心口尚醒醒。
今朝欢喜缘何事，礼彻佛名百部经。

“九志图”的千古传奇

公元 844 年，八节滩全部竣工后，白居易便了却了自己的最后一桩心事。辛苦了两年的白居易，一旦空闲下来，便马上开始了游山玩水。

这年春天，白居易到洛阳东南部的赵村观赏杏花。看到处处开遍生机勃勃的杏花，白居易想到自己垂垂老矣，有感而发，写下了一首《游赵村杏花》：

赵村红杏每年开，十五年来看几回？
七十三人难再到，今春来是别花来。

大意就是：赵村的杏花年年开，我来了洛阳十五年了，也没看过几回。我今年七十三岁了，恐怕再也来不了了，我今年到这里来就是为了给这些花告别的。

果然如白居易所说，这次到赵家村赏花之后，白居易再也不曾到此地赏花。公元 845 年，白居易宴请胡杲、吉玫、郑据、刘贞、卢贞、张浑六位老友到自己家中聚会，并以《七老会诗》来记述了他们七人的盛会：

胡、吉、郑、刘、卢、张等六贤，皆多年寿，予亦次焉。偶于敝舍合成尚齿之会……

七人五百七十岁，拖紫纡朱垂白须。
手里无金莫嗟叹，樽中有酒且欢娱。
诗吟两句神还王，酒饮三杯气尚粗。
巍峨狂歌教禅拍，婆娑醉舞遣孙扶。
天年高过二疏傅，人数多于四皓图。
除却三山五天竺，人间此会更应无。

大意就是：他们六人都十分长寿，只有我还不够长寿。我在家里促成了这次老人会……我们七人加起来五百七十岁了，虽然穿红戴紫，但是都是白发苍苍。手里没钱的也不要叹息，只要杯里有酒，咱们就尽情欢愉好了。我们七个人吟两句诗也要想一会儿，喝三杯酒就已经气喘吁吁了。我们尽情高歌，蹒跚起舞，没一会儿就得让各自的孙子搀扶了。我们的年龄比二疏傅还要高，我们的人数比《四皓图》还要多。除了三山和五个天竺的极乐之所，恐怕人间就再也没有这样的盛会了。

七老会，一时传为美谈。白居易也成了老年会的开创者，对后世产生了深远的影响。

该年夏天，已经九十五岁的僧如满禅师和已经一百三十六岁的李元爽也参加了七老会，号称“九志图”。他们每次相聚就谈诗论道，饮酒赋诗，在诗坛上传为佳话。

如今，在龙门香山寺就有一处九老堂。堂内的墙壁上栩栩如生地雕刻着白居易与这八位老人相聚的图画。白居易再次用诗记载了这次盛会：

其年夏，又有二老，年貌绝伦，同归故乡，亦来斯会。续命书姓名年齿，写其形貌，附于图右。与前七老，题为九老图。仍以一绝赠之……

雪作须眉云作衣，辽东华表鹤双归。
当时一鹤犹希有，何况今逢两令威。

大意就是：今年夏天，又有年龄和样貌绝伦的两个老人，回到了洛阳，来参加我们的盛会。于是我就接着把他们的年龄样貌写在了图右。和前边的七个老人一起，题为九老图。也写了一首绝句赠之……眉毛像雪一样，衣服也像云一样。这两个人回到了久别的故乡。有一个这样高寿的人已经很稀有了，何况现在有两个呢。

通过白居易这两个盛会，我们不难看出，白居易的晚年也是十分乐观的，虽然这时候的他已经是七十四岁高龄了，但是依旧有着一颗热情洋溢的心。他与这些老人们在一起载歌载舞、吟诗作赋，并且喝酒赌胜，过得舒心自在又有意义。

公元846年，唐武宗李炎驾崩。他是继太宗、宪宗、穆宗、敬宗之后，又一位因为服食丹药而死的皇帝。武宗在位时，崇尚道教，毁灭佛教。他曾经下诏，命令官兵毁去全部的寺院，并且逼迫那些僧尼全部还俗。这就是中国历史上著名的“会昌灭佛”事件。白居易作为白衣佛子，在这一期间也受到了很大的波及。幸好当时他正在忙着疏通八节滩，才幸免于难。

由于唐宪宗信奉道教，迷信长生不老，于是对那些仙丹妙药也十分热衷。他甚至还在郊外建了一座“望仙台”，等待神仙降临，又在宫内建造了一座“望仙楼”，等待神仙与自己相会。

由于每天都吃很多的仙丹妙药，武宗很快便同自己的祖父一样喜怒无常了。再加上唐武宗此人荒淫无度，没有几年就弄得自己一身的病。到公元846年的时候，他的身体彻底被掏空了，形容憔悴地死在了长安的大明宫内。

武宗死后，宦官马元贽觉得武宗的叔叔李忱比较好控制，于是便扶持李忱登基称帝，称为唐宣宗。唐宣宗即位后，一改武帝的灭佛政策。佛教终于迎来了新的春天。

然而，已经七十五岁的白居易却迎来了自己的秋天。这一年，当满山红叶红透的时候，白居易与世长辞了。临死前，他再一次叮嘱自己的家人，他的尸骨不归故里，葬在香山如满禅师旁边就好。家人遵照白居易的遗嘱，把他葬在了香山的琵琶峰，与他的恩师僧如满比邻而居。

听到白居易与世长辞的消息，一直仰慕白居易才华的唐宣宗十分痛惜，马上追封他为尚书右仆射，封谥号“文”，并作诗一首来吊唁白居易：

缀玉联珠六十年，谁教冥路作诗仙。
浮云不系名居易，造化无为字乐天。
童子解吟长恨曲，胡儿能唱琵琶篇。
文章已满行人耳，一度思卿一怆然。

这首诗是一个帝王给予白居易的最高评价，表达了唐宣宗对白居易去世的无限惋惜之情。而为白居易撰写墓志铭的就是李商隐。在墓志铭中，他叙述了白居易坎坷却并不平凡的一生。

白居易生逢乱世，少年流离，受尽离别战乱之苦。他首到长安便名扬天下，却一直郁郁不得志。后来，终于入仕，本想一展抱负，却不想官场黑暗，惨遭贬谪。之后数年，白居易本想为大唐江山尽自己的微薄之力，却不想生不逢时，既无明君，又无圣主。最后，终于心灰意冷，皈依佛门，纵情山水，成为香山寺的醉吟先生……

白居易病故后，洛阳的百姓们感念白居易的恩德，纷纷到他墓前拜祭。据说，白居易墓前泥土，常常被祭酒浸湿，从来没有干过。后世人为了纪念这位大诗人，更是在琵琶峰上对他的墓园大大扩建，建成了如今的“白园”。

纵观白居易这一生，于家庭，少年丧父，中年丧母，老年丧子，可谓千般苦楚。幸有老妻相伴，一女阿罗环绕膝下，不然这漫漫人生哪里还有一点念想。虽最后过继弟弟白行简之子，但是终究不是自己骨血，亦不曾继承自己衣钵……

于爱情，白居易与邻女湘灵青梅竹马，两情相悦，甚至海誓山盟，非湘灵不娶，却遭到母亲的强烈反对，最后毁约失信。湘灵度入空门，自己亦是再不相信爱情，寻花问柳，放浪形骸……

于仕途，白居易大起大落，几经波折，却始终不曾施展自己的一腔抱负。虽有着“诗王”的美称，不过是空有其名，从不曾大富大贵，亦不曾位及人臣。最后只好独善其身，远离朝堂……

人生如此坎坷，但是幸好，白居易始终有一颗豁达之心。无论在怎样的逆境中，他都能安然而居，寻得属于自己的一片天地，创造属于自己的辉煌。

失去至亲时，他悲痛欲绝，却没有一直沉浸在悲痛中；失去爱情时，他心如死灰，放浪形骸，却依旧存有一颗怜悯之心；仕途失意时，他心灰意冷，却依旧保持着一颗赤子之心，积德行善，友好乡邻，造福百姓。

这样的一个人，即使有一天他翩然归去，他的一生传奇亦值得人们津津乐道，更何况，他还留下了那么多脍炙人口的诗词。

诗词，最后的灵魂归处

诗词，亦是风骨。有人说，腹有诗书气自华。一个懂得诗词的人，他必然有着不同于常人的才华和风骨。才华，是一个人傲立于世的姿态。而风骨，则是一个人卓尔不群的脊梁。

白居易被后人称为“诗王”，亦被后人称为“诗魔”。纵观整个中唐的诗坛，白居易无论是跟元稹相比，还是跟刘禹锡相比，都有自己的过人之处。可以说，白居易在某种程度上是整个中唐诗坛的个中翘楚。而他的诗受人欢迎的程度，也远远超过了与他同名的几位大诗人。

当然，不仅是达官贵人对白居易的诗词青睐有加，那些老百姓更是喜欢白居易的诗词。因为白居易的诗词通俗易懂，读起来朗朗上口，即使自己大字不识一个，也能吟诵几句。更重要的是在白居易的这些诗词里，描写了太多他们生活的画面，这样的画面，让他们感觉十分亲切。

在白居易收藏的《白氏长庆集》里，记载了白居易的诗词约有三千多首。在这三千多首诗中，我们可以大致分为这几类：讽谕诗、闲适诗、杂律诗、感伤诗。讽谕诗大多用来讽刺当时的政治和社会现状的，这类诗的作用大多是为了劝谏皇帝和训诫世人。这类诗最具有代表性的便是白居易写的五十首“新乐府”。其中流传最为深远的就是那首耳熟能详的《卖炭翁》：

卖炭翁，伐薪烧炭南山中。满面尘灰烟火色，两鬓苍苍十指黑。

卖炭得钱何所营？身上衣裳口中食。

可怜身上衣正单，心忧炭贱愿天寒。夜来城外一尺雪，晓驾炭车辗冰辙。牛困人饥日已高，市南门外泥中歇。

翩翩两骑来是谁？黄衣使者白衫儿。手把文书口称敕，回车叱牛牵向北。一车炭，千余斤，宫使驱将惜不得。半匹红绡一丈绫，系向牛头充炭直。

此诗形象生动地描写了一个烧炭老人谋生的艰苦。通过卖炭翁的悲惨遭遇，深刻地表达了作者对于“宫市”制度的不满，和对劳动人们的深切同情，鞭挞与抨击了当时社会的腐败。

白居易这类诗大多都写于他被贬江州之前，那时候的白居易有着变革当时腐败社会的坚定决心。他想要通过自己的这些诗句让当时的皇帝知道中下层人民的疾苦。毫无疑问，这类诗受到了广大人民群众的喜欢，但是却得罪了上流社会的一些人员。而得罪的最彻底的就是那些手掌大权的宦官。

白居易处于一个宦官专权的年代。白居易这样赤裸裸的讽刺和抨击，很快遭到了一大批人的嫉恨。作为最高统治者的皇帝对白居易的这些诗词也是十分不喜欢的。没有哪一个皇帝，愿意看到在自己的治下百姓竟然过得这样凄苦，因为百姓过得凄苦代表着他不够贤明。他们喜欢看那些歌舞升平的诗句，因为这是对他们统治的一种肯定和称颂。

很显然，白居易的这些讽谕诗是没有这些肯定和称颂的。这些诗可以说完全否定皇帝的统治，是对他统治的一种讽刺。可想而知，当皇帝看到这些诗句时，对白居易会是一个怎样的看法。很快，在这些讽谕诗的推动下，白居易便被贬谪了。

白居易一心想要通过自己的诗文警醒皇帝的愿望也落空了。他倡导的轰轰烈烈的新乐府运动也完全以失败告终。被贬江州后，白居易几乎很少再写这种体现人民疾苦的讽谕诗。

不得不说，这些讽谕诗是白居易诗词的一个高峰，是白居易最具有代表性的诗词作品之一。这些诗词也体现了白居易作为一个大唐官员所具有特殊风骨：忧国忧民，兼济天下。

大量描写讽谕诗的这段时期是白居易最为张扬的一段时期。那时候的他，完全是一个满身风华的才子，用自己的诗词指点江山，激昂文字。

但是白居易被贬江州后，他的诗词内容有了很大的变化，他开始从讽谕诗向感伤诗转变。其实，白居易最早的诗词也都是感伤诗，最出名的当然就是他的《长恨歌》。被贬江州后，白居易的心情前所未有的失落，因此他写下了大量的感伤诗来表达自己内心的苦闷。这其中最具有代表性的就是《琵琶行》。

这首诗形象地写出了他惨遭贬谪的苦闷和不忿。但是，白居易的苦闷并没有持续很长时间。因为他找到了新的寄托——佛教。在佛教的熏陶下，白居易感伤的心慢慢平抚，他的诗词内容开始向闲适诗的方向转变。即使偶尔还会有所感伤，但是这类诗已经开始不占主要地位。

所谓闲适诗，就是那些用来表达心情平静的诗。这种事大多是白居易的日常琐事和对周围事物的一些看法。而他在庐山草堂居住的时候，大多写的都是这类的诗词。例如：《香炉峰下卜山居草堂初成偶题东壁》：

日高睡足犹慵起，小阁重衾不怕寒。
遗爱寺钟欹枕听，香炉峰雪拨帘看。
匡庐便是逃名地，司马仍为送老官。
心泰身宁是归处，故乡何独在长安。

这首诗逼真地写出了白居易居于草堂的慵懒和舒适，让人对他闲适的草堂生活非常羡慕。这类闲适诗，代表了白居易人生的一个重大转折，就是从兼济天下转换到了独善其身。虽然他的这类诗词在诗歌领域中并不占主体，但是却体现出作者对生活的态度和看法。

杂律诗是白居易最为轻视的一种诗，但是也是他写的最多的一种诗。这类诗非常注重形式美，有些还运用了大量的排律。这类诗题材极其广泛，穿插了闲适、感伤、游记等多种内容。例如，白居易一举成名的《赋得古原草送别》就属于杂律诗的一种。还有白居易的那首《长相思》：

汴水流，泗水流，流到瓜洲古渡头。吴山点点愁。
思悠悠，恨悠悠，恨到归时方始休。月明人倚楼。

这首诗就十分重视诗词的形式美。可以说是白居易杂律诗的一个典型代表作。该诗运用排比的方式，写出了作者随着地点的转移，相思之情愈加深重的心理。白居易的这些杂律诗虽然杂乱，却十分详细地写出了作者的地域转移和人生轨迹。可以说是最能记录白居易各个时期心情的一类诗。

白居易这些诗句之所以到今天都能源远流长，还有一个重要的原因就是地域性极强。之所以说地域性极强，是因为白居易只要到过的地方都会写下一些诗句。而这些诗句不仅让白居易在当地的名声更盛，也让那个地方因为白居易的诗词更加闻名于世。这种相互增势的诗词，最为显著的就是描写江南与洛阳的诗句。

江南，对白居易有着十分特殊的意义。因为他最为落魄的时候是在这个地方，最为繁荣的时候也是在这个地方。白居易在江南担任刺史不足五年，但是却完全被江南的美景征服。不仅在他任上为很多江南名胜作诗填词、增光增彩。即使在自己离开江南后，亦写下了很多想念江南的诗句，最有代表性的便是他那三首《忆江南》：

江南好，风景旧曾谙；日出江花红胜火，春来江水绿如蓝。能不忆江南？

江南忆，最忆是杭州；山寺月中寻桂子，郡亭枕上看潮头。何日更重游！

江南忆，其次忆吴宫；吴酒一杯春竹叶，吴娃双舞醉芙蓉。早晚复相逢！

这三首诗写于作者离开江南十几年后。作者以自己的笔调描写了江南的风光之美，以及自己对江南的深刻思念。后世人咏江南的诗词何其多，但是白居易的这三首却始终独领风骚。

但是，虽然白居易对江南有着难以割舍的情怀，却远远不及他对洛阳的深爱。可以这样说，江南只是白居易最美丽最难忘怀的一场艳遇，而洛阳却是白居易最后的归处。

在白居易流传至今的三千多首诗中，描写东都洛阳的就有八百多首，占了白居易全部诗歌的四分之一。白居易最爱的便是洛阳的秋景，在白居易的笔下，人们仿佛看到了大唐时期的洛阳之秋有多么令人沉醉：

下马闲行伊水头，凉风清景胜春游。
何事古今诗句里，不多说着洛阳秋？

唐代诗人徐凝看到白居易的这首诗时，无比感慨地写到："今到白氏诗句出，无人不咏洛阳秋。"大意就是看了白居易写这首诗，没有人不赞叹洛阳的秋天的。

到了白居易的晚年，白居易一心向佛，他的诗词也开始向着禅理的方向转变。这时候的白居易完全把自己的前世今生都托付给了佛祖。他的灵魂，却早已经镶嵌在了那些诗词歌赋里，永生不死，永生不灭。即使有一天，他的尸身化为尘土，然而他的灵魂，却会随着他的诗词代代相传。

岁月的长河总是会埋没很多的人和事，但有些东西却永远不会随着时间的推移而淡漠。那些真正刻在历史画面里的人物，总是会随着时间的推移显现出他真正的价值。而白居易就是这种人，他的诗词为我们展示了整个中唐的兴衰存亡，亦让我们见识到什么是真正的文人风骨。

文人风骨，从来都不是低吟浅唱里的风花雪月。它是乱世中，文人想要凭一己之力转乾坤的豪情，是看到百姓流离失所，想要创造一方太平的赤子之心，亦是万千繁华中的急流勇退，是喧嚣尽处的洒脱安然。

白居易用自己的一生展示了属于自己的绝代风华。他的一生曾经颠沛流离，曾经落魄苦楚，却始终不卑不亢，从不曾低眉弯腰事权贵，亦从不曾坠了自己的文人风骨。即使今天，他早已经翩然而逝千百年，但是他的故事、他的风骨、他的诗词却永远地流传了下来……